[美] 杰西·林格尔 著　冯诺 译
Jessa Lingel

# 被互联网辜负的人

互联网的士绅化
如何制造了数字不正义

**THE GENTRIFICATION OF THE INTERNET**
How to Reclaim Our Digital Freedom

浙江人民出版社

# 致　谢

在写这本书的过程中，我申请了终身教职，生了个孩子，经历了一场全球流行病。其中任何一件事都足以消耗最强悍的支撑系统，但是在这段精疲力竭的时间里，我得到了来自朋友、家人、同事、伙伴、邻居（以及我的一只狗和两只猫）源源不断的安慰和鼓励。他们耐心而又恒久的支持，我将永远心怀感激。

最直接的贡献来自提供了想法和阅读了章节的人。在构思的时候，是塔尔顿·吉莱斯皮（Tarleton Gillespie）、阿拉姆·辛赖希（Aram Sinnreich）和希瓦·维迪亚那桑（Siva Vaidhyanathan）鼓励我将观点写成书。贝蒂·费拉里（Betty Ferrari）、本·梅里曼（Ben Merriman）、维克多·皮卡德（Victor Pickard）、艾伦·夏皮罗（Aaron Shapiro）阅读了章节的草稿，他们的反馈十分珍贵。图书管理员中的战士公主艾莉森·马克里纳（Alison Macrina）竟读完了整本书，然后给了我非常棒的反馈和亟需的鼓励。沙内·费勒-希伊（Shane Ferrer-Sheehy）、穆伊拉·麦卡蒙（Muira McCammon）和马里埃拉·莫拉雷斯（Mariela Morales）在章节组织上提供了研究上的协助。加州大学出版社的林恩·乌尔（Lyn Uhl）和米歇尔·利平斯基（Michelle Lipinski）在我投稿、起草和修改本书的过程中提供了很大帮助。

自从5年前搬到费城，我已经和一些活动团体建立联系，他们在一些关键方面塑造了我与这座城市的关系。创造性韧性共同体（Creative Resilience Collective）在连接服务不完备人群与心理健康资源上所做的工作，一直是了不起的激励和团结之源。215人联盟（215 People's Alliance）和工人团结网络（Workers Solidarity Network）为人力丰富的团体如何投入街头和社区领域的社会正义提供了范本。这些组织的工作和议程可能在本书中并没有直接体现，但它们存在于材料的边角和缝隙中。

我于2015年加入宾夕法尼亚大学，从那时起，我有充足的时间和支持用在教学、做研究和写书上。感谢宾大给我提供了一个拥有众多美好的同事、学生和教职工的智识之家。但我也意识到，这所大学在费城的士绅化过程中也扮演了重要作用——它造成了"宾绅化"（Penn-trification）。宾大是美国受捐数额第六大的大学（其价值超过140亿美元），而费城却是美国最贫穷的大城市。作为这座城市中最大的雇主和全美最精英的教育机构之一，宾大为费城的经济健康和文化声誉作出了贡献。

但宾大更加侧重学术研究而不是社区福祉。宾大是唯二不向所在城市缴纳房产税的常春藤盟校之一（另一所是哥伦比亚大学），截至目前依然拒绝缴纳代缴税。宾大从费城得了很多好处，应该相应地回馈这座城市。

除了贡献代缴税，宾大也可以在全国性减少资助警察的运动中表现出领导风范。总的来说，宾大的校园警察是宾夕法尼亚州最大的私人警察部门，而且宾大还是全美拥有第三多宣誓警察数量的大学。打着学生、教职工安全的名义，校园警察会给本地居民带来切实的伤害和创伤。与其把2700万美元花在校园警察上，不如把这笔钱用在心理健康领域和宾大社群与周边社区的互相扶助上。真正地投入到包容、创新和影响力上，需要宾大对费城市、西费城社区以及对不平等的产生尽自己的责任。我希望已然是学术成功和声望之楷模的宾大，能够投入更多，成为值得费城拥有的社区成员。

本书所有版税均将捐献给纽约市的科技学习共同体（Tech Learning Collective）和费城的女性社区复兴计划（Women's Community Revitalization Project）。

# 目　录

## 第一章　线上和线下的士绅化　　001
什么是士绅化？　　005
互联网如何士绅化　　013
失　所　　014
孤　立　　015
商业化　　016

## 第二章　脸书抛下的人与平台　　025
安息吧，早期互联网：
　　重访一个更加奇异更加开放的网络　　028
算法以及关于"真"名的斗争　　039
数字划红线和广告收入的暴政　　043

## 第三章　科技巨头的巨大问题　049
　　当科技巨头成为你的邻居　054
　　滤泡中的生活：科技巨头的多样性问题　064
　　利润高于人民，以及IPO童话的危险　071

## 第四章　为光纤而战　081
　　数字基础设施中的关键术语：
　　　　互联网、网络和网络中立性　086
　　从DIY到垄断：ISP的转变　088
　　网状网络的激进民主　099
　　谁的电缆？我们的电缆！黑暗光纤的行动主义迹象　103

## 第五章　抵　抗　109
　　城市士绅化：抵抗是什么样子的？　114
　　反击互联网士绅化的工具箱　119

## 资源列表　128
　　反士绅化组织　128
　　科技和社会正义组织　132

## 术语汇编　137

## 来源和扩展阅读　142

# 第一章 线上和线下的士绅化

这是一本关于科技、权力、尊严和自由的书。它关乎网络平台的商业化和对社群的压榨。它关于互联网的士绅化。我说互联网士绅化的时候，是在描述某种权力与控制的变化，这种权力与变化限制了我们在网络上能做的事情。我也是在指出一个优先考虑企业利润而非公共福祉的产业，积极地推动特定的网络行为成为"正确"使用网络的方式，而其他行为则被打上落后或过时的标签。渐渐地，人们越来越难维护个人信息隐私，越来越难体验或使用电子科技，越来越难控制网络的模样和给人的感觉。网络让我们越来越不民主，越来越孤立，越来越对企业及其股东"感恩戴德"。换句话说，互联网士绅化了。

士绅化是一个意涵丰富的术语。有支持者，亦有贬低者，两者对世界持有迥然相异的看法。用如此两极化的概念作为全书的主论点，是否有益呢？即便答案是肯定的，认为互联网已士绅化又是否有用呢？我认为，正是因为士绅化这个词意涵过于丰富，因而才是思考互联网政治性的良好出发点。通过了解围绕着都市士绅化的冲突，我们能够了解互联网的政治现实。

士绅化给了我们一个隐喻，便于我们了解互联网如何走到今天的地步，以及它如何本该可以变得不同。

当人们把士绅化与互联网联系在一起，他们常常说的是科技行业在塑造科技公司总部附近社区中的作用。当科技公司把总部搬到一座城市或某个社区，他们的员工也常常跟随过去，拉高了租金，带来新的社会规范。长久以来的原居民被迫迁出，排除在科技公司可能带来的福利之外。

这些都是重要的问题（我将在第三章中详述），但并不能反映全貌。除了物理空间被科技巨头扭曲，网络空间和关系也越来越被企业主宰而不是由社群驱动。一小撮公司控制了网络科技的大头。脸书（也拥有 Instagram 和 WhatsApp）\*霸占了社交媒体用户市场，致使大量经济和政治权力移交给了这一家公司。与此同时，根据 Statista 网站的数据，谷歌控制了网络搜索，占据着全球市场惊人的86%。第二大搜索引擎必应，被远远甩在身后。亚马逊重塑了网络购物，能预测我们的兴趣，改变市场的规范。因为权力过于集中，生活中人们要脱离五大巨头公司（亚马逊、苹果、脸书、谷歌、微软）不只是不方便，几乎是不可能。与此同时，数字基础设施还形成了另一种垄断，几家互联网服务提供商控制着谁能接入互联网，需要花多少钱。

如果我们看看谁在科技巨头中工作，就会发现行业内的优

---

\* 本书提及的互联网公司及应用，除知名度较高且已有通行中文译法的，均保留其原名。——编注（如无特别标注，本书脚注为译注）

先事项毫不奇怪地产生了偏离。科技巨头主要由白人和男性掌管，存在忽略有色人种、女性、身障人士和性少数群体的倾向。就像"城市改造"（urban renewal）让本就富裕的人群受益，科技巨头的创新是为一小撮人创造一大笔财富。但这关涉的不只是钱：科技巨头不愿接受放权给更多人的举措，比如联邦监管和员工工会。在行业内，最大的玩家垄断了数字文化，小公司和旧平台出局。在这种替代过程中，主流平台得以定义什么网络交流是正常的，什么网络交流存在问题。收紧控制权，不仅仅减少了消费者的选择，也是一种科技士绅化。

指出当下互联网的士绅化，我的目标是诊断出一系列问题，为活动家、教育者以及普通网络用户阐明可以做什么，从而为网络自由提供更多的保护、更多的空间。我们现在拥有的网络不必非得如此。这是一系列特定的政策和价值观所致。士绅化帮助我们理解不断变化的互联网，辨识出其中的赢家和输家，并展望一个更加公平的数字图景。为达成此目的，我们需弄清楚何为士绅化。我们可以从提问开始：什么是都市士绅化？它如何有助于描绘当代主流互联网？

## 什么是士绅化？

士绅化是一个意涵丰富且有争议的术语。有人认为它是经济发展的机会，是为贫穷的社区带来金钱和资源的方式。也有人认为这是新来者的入侵，会颠覆长久以来的社会网络及其文化历史。部分问题在于，士绅化并非只有一面——相反，对于"城市空间的外在和给人的感觉应该如何""谁该居住于此"等问题，存在着诸多标签和意见相左的利益相关者。作为理解士绅化及其为何重要的出发点，我们来看看城市研究学者吉娜·佩雷斯（Gina Perez）是如何定义士绅化的：

> 一种经济和社会过程，私人资本（房地产公司、开发商）、个人业主及租户，通过拆迁、LOFT改造\*和新建住宅等方式重新投资财政投入欠奉的社区……士绅化是渐进的过程，一栋建筑一栋建筑地，或一片街区一片街区地，缓慢地替换社区中的贫穷和工人阶级居民；由于高涨的租金、房产税和针对上层客户的新商业，这些居民已无力居住在这些"重新焕发活力"的社区。这个过程进而重塑了社区的消费和居住景观。

士绅化涉及开发商、地方政府、个人业主和租户的合作。它不仅关乎新来者的存在，更关乎他们的优先性。有地方政府

---

\* LOFT一般指由旧工厂或旧仓库改造而成的住宅。特点是面积较小，但层高较高，居住者有自由发挥的空间，可以将其改造作多种不同用途。

和金融机构的支持，迁入的士绅\*改变了空间，用自己的品位和价值观重塑之。

士绅化的本质关乎权力。正如城市研究学者沙伦·祖金（Sharon Zukin）所言，"士绅化让不平等更加显见"。这是拥有不同力量与资源水平的人群之间的斗争。在美国，此概念常与种族挂钩：士绅化常常意味着年轻富裕的白人取代原居民，后者通常是财力更小的有色人种。在美国，种族主义等形式的歧视长久以来决定了什么人住什么地方。不论我们讨论的是划红线拒贷、歧视性抵押贷款还是美洲原住民的被迫重新安置，在美国，居住的自由并非人皆有之。许多活动家认为士绅化是另一种由偏见和特权驱动的社会与经济排挤。

士绅化改变了社区里居住的人，改变了哪些商业能繁荣，改变了谁可能找到工作。在我所住的费城南部社区，我目睹了本地的小杂货店†、小餐馆和社区中心变成了瑜伽工作室、高档美食酒吧、早午餐场所。这些新商业的目标不仅是为了满足新来者的兴趣，也会把类似的人带到社区里。如果你喜欢瑜伽、精粮啤酒和高档法式吐司，那这些新商业可能相当不错。但如果你没钱在这些新店里消费，或者它们没有你想买的东西，那

---

\* 原文为gentrifier，指的是推动士绅化（gentrification）的新居民，可理解为发达城市的新一代居民。出于行文畅达需求，同时参照其词根gentry意义（上流人士），本书采用"士绅"的译法。——编注

† 原文为bodega，特指供应酒精和波多黎各、古巴风味热食的小型便利店。——编注

么你就不得不跑到更远的地方寻找满足你需求的商店，你的邻居可能会失去工作，你也会更加明显地感知到谁在社区里更受欢迎。

我们常常把士绅化视为某种空间化的东西，但其后果会随着时间推进展现出来。更富裕的邻居会推高房价和房产税。最终，曾经能负担得起的社区，渐渐让或许已世代居住于此的家庭望尘莫及。结果就是，人们迁出此地，打破了长久以来的社会关系，削弱了社群凝聚力。士绅化的反讽之处在于，许多新来者本来想寻找的就是社群意识和文化强烈的城市地区，而他们的到来恰恰破坏了吸引他们的社区特质。

至少从20世纪60年代开始，研究者就开始追踪全球各地区的士绅化。在人类历史的大部分时期，人们都住在乡村或半乡村地区，城市常常被认为是犯罪与污染的温床。尽管许多人仍然认为城市肮脏且充满犯罪，但根据联合国的一份报告，截至2014年，全世界居住在城市的人超过了非城市人口。城市总是与经济发展和文化发明联系在一起，而21世纪出现的新现象是，很多富人开始选择住在城市环境中。比如，2019年《美国新闻》(*US News*)宣布旧金山成为世界上人均10亿美元以上亿万富翁最多的城市——这样的富翁在这座城市每11612人中就有1个。士绅化的支持者喜欢指出，富裕的居民支付更高的房产税（但在为士绅化居民提供税收减免的城市则并非如此）。但富裕居民的突增同样也产生了负面影响。有钱的新来者会占据更多的物理空间，把原居民挤走，因为曾经容纳多个家庭的住房现在变成了为单个家庭准备的豪宅。更具破坏性的是所谓的投资型房产，由那些并无意居住于此的人购买。投资者押注在城市生活的吸引力将会持续，用人们投机艺术品和黄金的方式购买独栋房子和公寓。《卫报》的记者特蕾西·林德曼（Tracey Lindeman）研究了加拿大主要城市的投资型房产情况。在温哥华，2.5万套房产（约占总数的10%）都无人居住，其中大多数是投资型房产。而在加拿大的另一侧，多伦多40%的公寓都无人居住或者是短租的。尽管这两大城市都对平价房屋有旺盛的需求。从奥克兰到巴尔的摩，从圣保罗到阿姆斯特丹，从伊斯坦布尔到悉尼，人们都在艰难地寻找着平价房屋。

认为士绅化是好事的人会强调它给新商业和房地产开发带来的机遇。但这些好处并非雨露均沾。城市士绅化常伴随富者更富、穷者更穷的趋势。根据《卫报》对犯罪和士绅化的特别报道，旧金山湾区每有1个百万富翁家庭（旧金山有超过20万户），就有4个人生活在贫困线以下。新来者可能认为他们在改善社区的状况，但是改善究竟意味着什么取决于你的优先事项是什么——以及你是否能够住得起房价上涨的社区。

士绅化改变了社区的物理空间，带来了不同的建筑美学和新的商业活动。随着时间推移，原有的房间看上去越来越小越来越过时，旧的生意失去顾客，新的居民则带来对都会化的需求。士绅化也改变了社区的社会规范，造成了噪音、育儿方式乃至宠物等问题的潜在冲突。

谁为士绅化负责？士绅化是普通人、决策者和房地产公司之间的合作关系。当我们听到士绅（gentrifier）这个词，可能会想到为寻找城市平价房屋而搬进社区的白人夫妇。年轻人越来越渴望在城市中开启职业生活、建立家庭，空巢父母搬进城市而不是留守在郊区。但是同样重要的是，我们要意识到士绅化不仅仅关于决定自己住在哪里或房东决定涨房租等个人决定。在城市这个层面，士绅化跟新建设工程的减税有关，有时候是更激进的措施，比如征用私有产权，这意味着城市会接管一处或多处私产用来开发新工程项目或扩张基础设施。（我会在第三章详述地方政策对开启士绅化的意义，比如地方政府实施的吸引科技巨头的政策。）

地方政策是拼图的一环，另一个更重要的因素是银行业和房地产业。在某些情况下，银行家、房地产经纪人和房东会有意地基于歧视剥夺一些人买房的机会。这种操作方式叫"划红线"（redlining），系统性地不让有色人种（历史上也有其他人群如未婚女性、犹太人）持有房产。在美国，划红线最终于20世纪70年代被废止，但是很难被根除。2015年5月，美国住房与城市发展部（The Department of Housing and Urban Development）宣布与联合银行（Associated Bank）达成关于在芝加哥和密尔沃基划红线的2亿美元和解协议。美国住房与城市发展部历时3年的调查发现，联合银行故意拒绝黑人和拉丁裔客户的贷款申请。也有人指出，2008年金融危机的根源——危险性按揭贷款也同样歧视了穷人和有色人种，银行故意把这些族群视为掠夺式借贷协议的客户。终止回赎权\*的大规模出现，导致全国房价跳水。投资者和开发商回收失去了回赎权的房子，造成了受灾严重社区的新一轮士绅化。

士绅化成为华尔街撑腰的大公司的一种赚钱策略。房产出版物《住房电报》（*Housing Wire*）的记者本·莱恩（Ben Lane）记录了美国房东的一次权力转换。2017年，租房公司"邀家"（Invitation Homes）与"喜达屋路标之家"（Starwood Waypoint Homes）合并，成为全美最大的房东，拥有8.2万处住房。另一家华尔街支持的公司"美国出租屋"（American Homes 4 Rent），在22个州拥有4.9万处住房。当华尔街决定了租房协议的条款，你能得到什么样的房东呢？对于很多独栋住房的租户来说，答案是房东不会修缮房屋，或不允许迟交房租。亚特兰大联邦储备银行发现拥有独栋出租房的公司比小房东更可能驱赶租客；有的在一年时间内就给三个租客下达逐客令。尽管说服住在你楼上的房东修好水池或迟交房租也很困难，但和大公司房东交涉更是徒劳。2020年的新型冠状病毒感染暴露出在金融与健康

---

\* 根据《元照法律词典》，终止回赎权原指终止抵押物回赎权之诉。抵押人未在规定期限内清偿抵押债务时，抵押权人有权起诉请求终止抵押人对抵押物的回赎权，由抵押权人取得抵押物的所有权或变卖抵押物以清偿债务；现在一般指依法执行留置权、信托合同或抵押权。

危机之时，租客是多么脆弱：尽管倡议者和活动家要求提供全民租金救济，延缓驱逐租客，但当地政府和州政府却只保护住在受联邦庇护的房子里的租客。

城市研究者书写士绅化已经超过50年，不是每个人都用同样的方式描述，或者聚焦在同样的政治上。如果我们不明确士绅化这个词的意思，那么我们只能得到与之相关的愤怒和困惑。要用这个概念来思考互联网，这点很重要，我们要相当清楚我在本书中使用士绅化这个词时是什么意思。在我们把它运用到互联网之前，我们需要留心城市士绅化的以下关键特征：

> 士绅化与失所（displacement）有关。渐渐地，原来的社群及其历史被迫让位于新来者。
>
> 士绅化关乎权力。
>
> 士绅化不只是一些人迁入某社区，同时它也需要地方财政和法律制度的支持。
>
> 士绅化是一种得到了积极支持的过程，这些支持来自向开发商提供减税的地方法律法规，也来自积极呼吁房地产投资的市政府官员。
>
> 士绅化与家庭和商业都有关。士绅化在居住侧是一个社群替代另一个，但其商业侧——本地就业机会方面，也同样重要。
>
> 仅靠个人无法对抗士绅化；需要整个社群的力量。因

为士绅化涉及的不只是一些人、一些房子和一些生意，要想挑战它，必须将集体行动和新法律法规与个人行为结合在一起。

## 互联网如何士绅化

既然我们已经对士绅化这个词的意思有了清晰的认识，就可以开始思考士绅化的关键主题如何出现在线上。不同的城市和社区，士绅化扩大了不平等，普及了特定的社会价值，但也排斥了另一些社会价值。互联网也发生了类似的现象。越来越多的记者、立法者、活动家和科技人士表达了对网络中歧视、种族隔离和商业化的担忧。20世纪90年代和21世纪头10年弥漫的科技乐观主义渐已消退，很多人都在疑惑，我们竟然曾认为网络可以带来民主和平等。然而，一旦越过这些相当乌托邦的期待，我们就能更加批判性地思考互联网及其政治。主流网络上正在积极提倡什么样的社群和规范？科技巨头里谁在赚大钱？谁落后了？能够用不同方式改变权力的规则是什么？秉持士绅化的理论，我在当代互联网中看到了士绅化的三种特征，这些特征为了支持主要的科技公司而限制了个人的网络自由。

# 失　所

当人与权力出现转变，士绅化便会发生。洛杉矶租户工会（LA Tenants Union）把当地活动家召集起来对抗士绅化。根据该组织的共同创始人特蕾西·珍妮·罗森塔尔（Tracy Jeanne Rosenthal）的观点，我们应该把士绅化视为"为了利润而使穷人失所与被替代的过程"。这一过程常是缓慢展开的。渐渐地，新邻居拉高了房价和房产税。不断增长的成本导致原来的居民及同个圈层的人负担不起。拥有历史的社会关系才更具效力，而士绅化则威胁了现存的这种社会关系，消除了地方历史。人口开始流动。道路、社区和地标得到重新命名。维系了社区的商店被收购，改头换面吸引新的顾客。网络上，当旧平台难以和新平台掌握的资源和价值相抗衡时，便会产生士绅化。对于网络上存在已久的社群，和脸书、Instagram这样的新平台竞争注定要失败，因为在资金投入和编程开发上无法匹敌科技巨头看似无限的资源。结果造成在获得主要投资的平台上，创造性和多样性减少。此处之危险在于，平台及其社群被抛下不是因为它们不再运行了，而是它们看起来或感觉起来跟其他网络不一样了。留给我们的平台变得更加不包容了。结果不只是网络上的哪些人改变了，而是网络上的哪些东西更容易遭受偏见，其力量更容易被削弱，或者就是更容易变得浅薄无聊。

## 孤　立

渐渐地，士绅化导致一系列的孤立，久居于此的居民被新邻居包围，后者常常更加富裕，对什么人什么物更适合本社区持有不同意见。邻里之间可以变得非常割裂，比邻而居但去不同的教堂，送孩子上不同的学校，在不同的商店购物。我们可以将此和网络上用户如何被主流平台贴标签和分类作比较。在社交媒体兴起之前，在网络上形成社群主要意味着结识趣味相投者，《星际迷航》、嘻哈音乐和足球，不一而足。那时并没有给用户分类的算法，没有基于平台的朋友推荐或内容推荐。人们只是出现在留言板或聊天室中，与在线者互动。（当然，谁能出现主要取决于谁买得起调制解调器并有时间学习使用方法。）Reddit和4chan依然遵循此道，但大多数社交媒体平台都使用既有的现实生活中的人际关系网来连接用户和推送内容。渐渐地，基于用户的点赞内容和个人喜好推荐链接和视频成了平台的常规操作，造成了伊莱·帕里泽（Eli Pariser）所称的"滤泡"（filter bubbles）。看了一条关于朋克摇滚的YouTube视频，就会给你推送一长串关于朋克的视频，而不是关于斯卡音乐、洛卡比里音乐或暴女运动的视频。\*点赞一条把气候变化视为骗局的脸书帖子会带来更多否认气候变化的帖子。用户不会接触到多样的人群和内容，而是越来越被隔离，过滤越来越严重。当然，并不是互联网发明了滤泡。互联网研究者阿克塞尔·布伦斯（Axel Bruns）论称，人总是以观念而群分。移民报纸、宗教电台、兴趣俱乐部新闻信——人们总是创造反映其观点和价值观的社群和媒体。滤泡不仅制造你所偏好的链接，也会加大志同道合者的紧密结合而不是接触新观念。网络孤立真正令人担忧的地方是，现实中人们已经在社会网络方面相互隔绝了，我们通常跟相同种族和阶级背景的人结交。早期网络社群被寄予了让我们走出泡泡的期待，但主流社交媒体平台越来越限制了此可能性。

## 商业化

人们常常从经济学角度捍卫士绅化，强调商业机遇和更高

---

\* 斯卡（ska）发源于牙买加，本是该地的传统乐风。经过输入及改进后，20世纪60年代早期流行于美国乐坛，也成为美国当地拉丁美洲流行音乐的重要一部分。
洛卡比里（Rockabilly），又被称为山区乡村摇滚或乡村摇滚乐，是最早的摇滚乐风格之一，可追溯到20世纪50年代初的美国，尤其是南方。
暴女（Riot grrrl）是一种地下朋克女性主义的音乐风格运动，缘于20世纪90年代早期的美国西北岸，融合了女性主义、朋克风格及相关亚文化。

的税收。如果你只关心税收，社区里有钱的新来者确实比原居民更有价值。生意人和市政府官员支持士绅化的理由是税基更高的新居民带来了更多的城市资金。得到房产经纪人和地方官员的支持，士绅可能会觉得自己更有资格占领空间、表达喜好。这些考量没考虑到的是社会和文化价值，比如社群纽带和当地历史。仅仅考虑利润就决定什么对某个社区最好是非常狭隘的。士绅化的问题不是把商业主义首次引入社区，而是只满足特定种类的消费者和商业。士绅化社区的商业地产常常单调得出奇。正如一个写过纽约市士绅化的记者所观察到的："曾经在纽约无人知晓的连锁店现在遍地都是。在我所住社区的10个街区，曾经太多店面被腾空，我数了数现在有3家药店，6家银行分行，7家美甲美容店，3家星巴克，2家唐恩都乐、3家7-11便利店，5家手机店和4家眼镜店。紧急护理似乎是朝阳产业，已经出现2家机构，服务于我们这里保险严重不足的人口。"

尽管店面的同质化，商业机会还是成为支持士绅化的关键理由。同样地，科技行业常以利润自我辩护。为什么脸书把我们的个人数据卖给广告商？利润。为什么亚马逊不对自己的员工好一点或者让他们成立工会？利润。为什么科技公司不更积极地保护隐私？利润。决定科技公司是否成功的是最大化的利润。只要科技巨头认为自己更应该对股东负责而不是对用户负责，那么普通人要求改变的能力就会受到限制。

在本书里，我会回到失所、孤立和商业化的主题上来，将此作为理解互联网士绅化的指南。这些特征是路标或基石，帮助我们读懂科技巨头的手腕，批判性思考互联网如何走到今天这一步，它如何可以变得不同。活动组织者用电子科技沟通交流，策划事件，促进变革。依靠这些工具来组织，不意味着我们就不能对这项技术提出尖锐的问题。我们需要更多的理论框架，帮助我们在争取更合乎道德的技术以及更合乎道德的城市时，辨别出敌人是谁。我认为士绅化正是这种理论框架之一。在接下来的四章，我会论证互联网正在士绅化，我们在数字文化、科技产业和数字基础设施中可以看到这一点。思考士绅化是建设商业化更少、多样性更强的互联网的出发点。

你可能在用士绅化这个词形容互联网的时候会有所顾虑。我想象得到，将信将疑的读者会问：互联网真的存在没被士绅化的时候吗？简单的答案是，没有。不存在互联网无视种族、阶级和性别的黄金年代，不存在企业不介入、不追求利润的社群得以繁荣的梦幻时代。互联网的历史表明，美国军方是建立互联网的关键，企业始终塑造着互联网的外在和给人的感觉。我不想把早期网络浪漫化成充满欢闹黑客和奇怪修理匠的天堂，我也不想只用一面之词，认为科技公司全都恶贯满盈。我所描绘的转变是关乎科技行业和数字文化内的重大趋势。不可否认的是，一小撮位高权重的企业对网络的模样和感觉拥有显著的控制权。互联网早期对发明与创造性的重视已经被企业牟利所取代。正如城市的士绅化一般，创造了士绅化的互联网的不是科技公司的存在，而是以商业利润为借口、为少数人的利益而牺牲多数人利益的行为。某个社区正在士绅化并不意味着它过去是完美的，而现在是监狱或荒原。这意味着从整体上来说，它让某些族群更难茁壮生长，而让某些族群更容易抢占先机。

我们真的需要用士绅化这个词来讨论这种现象吗？你说的不就是资本主义吗？是的，士绅化的推动力很大程度上是裹挟在资本主义里的，很难绕开其中一个去批评另一个。我聚焦在士绅化上是因为我想讨论互联网如何渐渐转变的过程中涉及的种族、性别和阶级政治。诸如商业化的、资本主义的、公司的等术语都与我所说的士绅化过程有关，但是在把种族、性别和阶级联系在一起方面做得还不够。士绅化也是一个非常空间化的概念，比资本主义显得更明确具体。士绅化是让我们想到房子、街道和房租的词汇，能帮助我们思考，在主流平台上谁感到自在，谁被遗漏了，谁能够看到自己及其政治得到了反映，谁被忽视了。

城市士绅化是一个实体运动的过程；网络上怎么可能发生这样的事情呢？首先，我会在第三章讨论科技行业直接促成了城市士绅化。而在第四章，我会表明网络的士绅化如何跟实体物质（如电缆和光纤）挂钩。但我同意，在网络上和在城市空间里，人们的运动方式有一个关键区别。毕竟社区容纳的人数是有限的，而脸书想多少用户注册账号就可以给多少用户注册。目前，世界人口的1/3拥有脸书账号，比任何一个国家或宗教拥有的人口都多。城市的士绅化不只关于社区中出现新来的人，也关于被迫离开的人；他们离开是因为他们不再受欢迎——或者无力留下。正在士绅化的互联网不会迫使人们打包东西搬家。但是它意味着网民被重新安置或同质化，所用的方式通常并不符合该社群的特定需求或价值观。

任何隐喻都可能被扩大化或者太局限于字眼，迷惑或者误导人，不再有用。一个隐喻的价值等同于它的分析性收益，也就是说，只要它能够帮助我们用新的方式思考一种现象就是有用的。在接下来的章节里，我会展示士绅化如何给了我们一个用于思考互联网的政治与不平等的词汇。就普通人如何体验互联网而言，过去的几十年见证的转变是从充满各种混乱的意外之喜和DIY社群到娴熟的专业主义和算法分类。这些变化都影响了我们可以在网络中建设的社群种类。而我说的变化并不是随机的——它们是某些特定目标和政策的结果。和城市士绅化一样，数字文化的发展有利于满足少数富人的需求和品位。士绅化向我们展现了当下数字图景中赢家、输家和颠覆分子分别是谁。

本书来源于我在日常生活中对互联网多年的思考和研究。我教了10年关于科技与文化的课程，注意到学生对互联网的观念出现了一个重大变化。2010年，学生大多认为互联网和社交媒体是好事。在爱德华·斯诺登揭露了政府监控的规模之前，在剑桥分析数据丑闻\*爆发之前，在对社交媒体假新闻猖獗充满担忧之前，我的学生把互联网与创新、商业成功、民主和社会包容关联起来。10年后，学生们带着截然不同的观念来到课堂。他们多把网络看作监控和歧视之源，提供了许多便利，但也让人付出了重大代价。我过去认为自己的工作是教学生如何思考互联网背后隐藏的权力动力学。10年前，我不得不努力说服学生互联网裹挟了非常真实的伤害，尤其是对边缘群体。现在，我的学生在课堂上认为网络内容可能是虚假的、被操控的、被监视的，我的目标是解释我们现在拥有的互联网如何走到这一步，如何本可以变得不同。在接下来的四章里，我会展示士绅化如何构成了理论工具的一部分——这套工具能用于理解网络图景如何变成它当下的样子，也能为我们获得想要的网络提供一些想法。

我先前提到过，城市士绅化乃全球现象。全球各地，越来越多的人搬进城市，在此过程中，也产生了越来越多的不平等。类似地，士绅化出现在全球各地的科技领域，失所、孤立和商业化等现象在一系列国际化平台上出现。为了让本书聚焦、观点易理解，我所举的多数例子来自美国。导致士绅化的决策和因素都有其国际化的一面，但它们的根源是本地的，基于地方

---

\* 指英国咨询公司剑桥分析公司在未经脸书用户同意的情况下获取数千万用户的个人数据，这些数据主要用于政治广告。

政治和行业规范。通过聚焦美国的政策和行业，我可以更具体地解读互联网士绅化如何由于特定的优先事项和相关利益方而发生。我希望士绅化这个框架可以跨越不同边界和分野，但我不想暗示不管哪里的互联网都一样，或者美国科技产业是唯一重要的。希望其他研究者和活动家也能在新的空间和背景下尝试此框架，去了解其他人群和平台处于危急关头的权力动力学。

这也清晰地表明本书为谁而写。本书不是写给其他互联网研究者的。我已经写了两本更厚更深、面向学术界的数字科技政治相关书籍。这本书我想写给不同的读者群：希望批判性看待互联网的活动家和普通网民。大量的学术工作帮助我发展出这些观点，但是我也尽力摒弃大部分学术用语，也避免引用和脚注，因为我想让本书触达学术圈外的人。本书末尾有关键术语列表，帮助读者领会特殊词汇。书末还有参考文献列表，感兴趣的读者可以了解更多相关的内容。

要了解我们如何走到网络自由受损、商业化剧增的境地，就不得不思考组成互联网的不同部分。其中包括，我们消磨网上时间的社交媒体平台的规范，制造了数字工具和服务的公司，以及让互联网成为可能的基础设施。在接下来的三章，我会描绘这些不同的特征——文化、行业、基础设施——是如何士绅化的。我花了很多年研究网络社群和科技变革，尤其是关乎边缘群体的。我会把这些故事带入互联网士绅化的讨论中，展示在真实社群和用户身上展开的规范和政治如何不断变化。在最后一章，我会描述可能的抵抗路径，这些路径是我受到城市活动家对抗本地的士绅化启发而形成的。

最后，在深入这本以士绅化为核心概念的书之前，我想重申一个事实，我也参与了这本书中批判的众多过程。我是一个上过大学的顺性别\*白人女性，从20多岁生活在纽约布鲁克林到35岁左右生活在费城，在这超过15年的期间，我大部分时间的住址邮编都在这个国家士绅化最快速的社区。我目前住在费城南部传统的黑人社区，很大程度上，本书也来自我对自身在士绅化过程中角色的思考。尽管我可以不去附近开的瑜伽工作室或小酒馆，但我知道这些商店都是瞄准我这种消费者的。我可以选择不享受税收减免，不买被炒高的房子，但我这样的人住在社区，使得跟我相似的人更可能在本地区买房。

我用士绅化的比喻来理解互联网政治和技术伦理，并不是在弱化城市士绅化作为社会议题的重要性。试图与我在士绅化过程中的角色达成和解，有助于我成为更好的活动家，也有助于我用全新的方式思考互联网。对于成为一个好邻居意味着什么，以及我的存在影响周围人生活的种种方式，我思考良多。与费城的士绅化活动家产生联系，帮助我理解保护社区历史和文化的迫切性，也让我明白抵抗那些只把社区看作矿产和金钱

---

\* 顺性别（cis or cisgender）是指性别认同与出生时指定性别相同的人。比如一个人的性别认同是女性并且出生时被指定为女性，这个人就是顺性别女性。顺性别一词与跨性别相反。

的立法者和开发商，需要做多少工作。大多数时候，我主要是倾听：去参加地方区域规划会议，倾听邻居对新住房和新商业的感受，去听市议会议员讨论住房政策。区域规划会议和活动家聚会中的对话，与我跟社区新来者的对话非常不同。房产经纪人使用类似"开拓"（pioneering）这样的词，而活动家则用"入侵"（invasion）。开发商说的是"重振"（revitalization），而原住户说的是"不尊重我们的社群"。从某种程度上说，正是两边之间的沟壑让士绅化成为思考互联网的重要术语。这是一个清晰呈现两套迥然相异的价值观和理念的词汇，能帮助我们更加清晰地思考数字技术的政治和可能性。

# 第二章　脸书抛下的人与平台

不论是线上还是线下，士绅化都对社群和特权提出了同样的问题：谁被积极地邀请进入某个空间，谁又被排挤出去？谁从新的商业、新的社会规范和新的规则中受益，谁又受损？谁能坐到桌边，谁又被抛下？我在上一章中指出的城市士绅化核心特征——失所、孤立和商业化——在互联网上都有对应物。在城市和互联网士绅化之间的关联中，我们看到了权力斗争——它们围绕资源获取、身份表达和社群成长与繁荣的可能性展开。

数字平台更青睐某些群体甚于其他群体。大平台越来越大的同时，小平台却被抛下了。结果就是，网络体验变得越来越不多样，越来越可预测，越来越不开放，越来越有剥削性。数字文化存在两种士绅化的方式：制造不同平台间的不平等，和制造平台内部的不平等。前者关乎失所，或者说当某个平台（及其政治和美学）开始垄断网络图景，造成竞争对手失所。后者关乎商业化的歧视，当某个平台设置了偏好，并且这些偏好使某些用户群体比其他用户群体更受益，这种现象便会发生。作为士绅化数字失所的案例，我将描绘两个都难以成为主流的网络平台——汤博乐和身体改造爱好者网络社群BME。为了帮助我们思考商业化歧视，我将深入探讨算法分类和数字划红线，即网络广告根据种族和阶级差别化对待用户。每一条线索都能教我们一些关于数字文化如何变化的知识。尽管论及人与技术的关系，变化是必然的，但正在扎根的趋势是增长的商业力量和削弱的人民力量。理解我们何以至此的关键第一步是问出：这是我们想要的网络吗？如果不是，怎样才能让它变得不同？

## 安息吧，早期互联网：重访一个更加奇异更加开放的网络

脸书、Instagram、YouTube等平台已经非常之大，像是大型超市。但现实并非总是如此。在早期，网络并没有那么像充满大型超市的商场，更像是一个挤满了副业小店的跳蚤市场。任何拥有基本HTML技术\*的人都可以存在于网络，并拥有自己的细分受众。在社交媒体平台兴起之前，浏览网络可能速度缓慢或令人困惑，但同样也奇异和令人惊喜。人们建立专属于宠物

---

\* HTML是一种基础技术，常与CSS、JavaScript一起被用于设计网页、网页应用程序以及移动应用程序的用户界面。

猫、小众音乐或电视节目的网页。或者建立支持性少数群体的网络，致力于心理健康或政治组织的论坛。网络上有很多实验性的、愚蠢的东西，也有关于如何维系社群、维持秩序的难题。渐渐地，仅需较少技巧即可使用的新平台出现，用户不用了解HTML，不需要什么技术就能发布、上传和连接。准入门槛变得很低，但代价就是平台变得更封闭，商业化的优先性更高。当大平台变得更大，那些无法满足成熟科技和更多受众等需求的网络社群就被抛下了。

在任何行业，生意都起起落落。Bebo、Formspring、Friendster、PlanetAll、StumbleUpon等都在特定时候，拥有过数百万用户。但他们现在都关停了。为什么我们要关心Bebo、Friendster之类网络服务没有突出重围呢？技术史学家常常发现，研究失败比研究成功更有用，因为看起来有前景但却衰败的技术能说明存在其他道路。就像大型超市和连锁店一样，最大的平台都优先照顾普通人而忽视异类。但是如果我们看向网络边缘，那些失败或从来没有变大过的平台，从中我们能看到数字技术的可能性。如果我们只看那些大公司，就只能得到他们关于互联网演变至今的理念。如果我们想了解全貌，就不得不学习对互联网历史和价值持不同理念的人群和平台。

作为研究者，我的大部分工作都是调查边缘人群以及他们与科技的关系。女装大佬、朋克摇滚明星、极端改造身体的人，我花了数月乃至数年在这些反主流文化群体上，了解他们如何看待互联网。这些社群中的许多人都难以利用互联网满足自我的需求。就像活动家一样，对于如何使用数字技术建立社群和表达自我，反主流文化群体有自己的理念。如果你是女装大佬，你可能想在同一个网站里拥有更宽松的用户名限制和更多的账号。如果你喜欢极端的生殖器穿孔，你需要更宽松的数字内容审查。如果你在主导一场地下音乐运动，你可能对警察是否可以接触社群网络内容持有疑问。有些反主流文化团体使用主流平台，用技术和变通手段，让社交媒体满足自己的需求。有的社群则建立自己的平台，完全控制用户政策和网站设计。为了更仔细地审视反主流文化群体想要的东西和主流平台拥有的东西之间存在的沟壑，我们以BME（全称为"身体改造电子杂志"）为例。

BME建立于1994年，当时还是互联网初期，距离哈佛学生在脸书上发送"戳一戳"或好友申请还有10年。BME把全球的身体改造爱好者聚集到一起，他们除了对文身和穿孔感兴趣，还有更不同寻常的操作，如疤痕文身（scarification）、悬挂（suspension）、肉体拉伸（flesh pull）、束腰（corseting）、耳朵穿孔（ear pointing）、分舌（tongue splitting）、极端生殖器改造和自愿四肢和器官切除。在接下来的20年里，BME成为身体改造领域活跃的社群源头和网络上关于身体改造的主要信息来源。在社交媒体士绅化的危机里，它对其他反主流文化群体来说就像煤矿里的金丝雀\*。

从一开始，BME就把自己视为边缘人群的网络避风港。其主页的宗旨即表明了反主流文化的议程："我们是非同寻常的亚文化和社群，由改造过的人建立，为改造过的人建立。我们是身体改造的历史学家、实践家和爱慕者。我们是协作化的综合性资源，关于思想、表达和美学的个人化自由。我们作为灵感、娱乐和社群之源，服务于你们和我们自己。网络上仍然有无数不同的平台，服务于每个不同的群体、亚文化和社群。"BME是以社群为基础的平台，面向身体改造爱好者。正如我2014年采访的一位BME成员解释："本质上，我把BME看成是为本行业从业者或本行业爱好者而建立的社交网络。每个追随文身和穿孔文化和生活的人。"

20世纪90年代BME建立的时候，网络和身体改造都属于反主流文化。BME领先脸书和推特这样的社交媒体巨头，也领先谷歌和WordPress†这样的网络基础产品。彼时数字文化依然群雄逐鹿，BME可以试验网络社群的规范和商业模式。当时上网的人更少，网络中行为好坏的规则没有那么统一。在BME的大部分历史里，它都是由其社群成员构建的，所以它的政策和设计都来自身体改造业内人士，而不是科技行业从业者。BME

---

\* 煤矿里的金丝雀，即最先感知到事物变化的群体。——编注
† WordPress是一个以PHP和MySQL为平台的自由开源的博客软件和内容管理系统，是目前最受欢迎的网站内容管理系统。

采取的是早期互联网聊天室模式，基于话题凝聚人群。而现在，脸书则以兴趣和经历划分群组，从漫画、"令美国再次伟大"、癌症幸存者到女子足球。但脸书最本初的理念始终是连接现实生活中有联系的人。BME和大多数早期互联网群体一样，先是共同兴趣，然后再建立关系。尽管身体改造的极端形式仍然鲜见，但穿孔和文身这样如今已经常见的身体改造在30年前要遭受更多的污名化。当时有着更极端身体改造的人最容易把BME视为社群之源。该网站的建立者香农·拉腊特（Shannon Larratt）对最尖端的身体改造手术极其感兴趣，比如眼球文身、极端生殖器改造。从科技和文化上说，BME是先驱，它为了成功和生存而作的斗争则预示着更大规模的争取网络真诚性的斗争将要到来。

BME于21世纪初达到巅峰，拥有大约1万用户，每天数百次互动，之后会员数量开始萎缩，到2015年只有几十名活跃用户。曾经每天有数百条帖子的论坛和留言板现在几个月都没有更新。发生了什么？BME在数字文化中遭遇了诸多波折，从公告板系统（BBS）到互联网接力聊天（IRC），再到单独的平台。但其遭遇的最大挑战并非技术方面，而在社会方面。有几个因素导致了其使用量和会员数的急剧下滑。首先，BME的管理员于2011年重新设计了网站。该平台雇用了一家私人公司，这是他们第一次找社群外的人重建网站。超出预算，频繁延迟，加上跟用户沟通不畅，这次重建最终让众多长期用户寒了心。与此同时，规范变得更加注重自我推销和追求点赞，与BME的独有性相斥。脸书、Instagram这样的平台许诺给用户的不止是一个细分社群。在BME上只能得几十个赞的帖子在脸书上能得到几万个。BME的管理员意识到了潮流的走向，开始恳求用户先在BME上发布身体改造相关的帖子，然后再往其他平台发。但渐渐地，越来越多的BME成员开始在脸书上开设账号，在BME上的发布越来越少。BME的用户互动下降，脸书的用户数攀升。BME举步维艰，不是因为人们不再对身体改造感兴趣了，而是人们想把自己的经历与尽量多的人分享。

处于边缘的社群始终有被主流平台取代的风险。BME为生存而挣扎说明了小平台与主流巨头竞争是多么难。如今BME用户在脸书上的时间远远多于在BME上——脸书上有两个专门接纳前BME用户的群组。如果仍然能够在网上联系，那么把阵地转移到脸书对BME用户来说有什么损失呢？脸书有同样的数字联系优势，还有更多的功能，几乎没有硬伤的设计和大得多的用户基数。但是脸书上的BME用户必须遵守脸书的规则，这意味着身体改造图片常常被标记为"不合适"。（会员限定的照片画廊"BME硬核"不可能出现在脸书上，上面有捆绑、受虐施虐、生殖器改造图片。）BME也为对极端手术感兴趣的人提供了更多的隐私，而这存在被社会污名化的风险，有时候甚至是在打法律的擦边球。在脸书上，身体改造爱好者不得不遵从更高雅、更拘谨的价值观。现在BME不再"是非同寻常的亚文化和社群，由改造过的人建立，为改造过的人建立"，它现在是分裂的，社群最终由有时候被BME成员称为"普通人"或"净皮者"（plainskins）的人管理。

我第一次开始思考互联网士绅化，是基于自己与2011年开始接管BME的蕾切尔·拉腊特（Rachel Larratt）的一次对话。蕾切尔几乎从一开始就参与了BME，首当其冲地体验了BME想保持小众网络平台的挑战。她也近距离地目睹了数字文化的变革。在2016年的一次采访中，我问蕾切尔，脸书能否被称为BME这类社群的家。她的回答并不乐观：

> 他们[脸书]并不想像这样，"嘿我们只是一个供人使用的网络论坛"。他们想塑造那种[社群的]理念。它是刻意为之的，就像试图装成本地小企业主的大型超市。我说不喜欢BME出现在脸书上，是因为这是在支持一个"社群"，但不是在支持我们的社群。这是疯狂的，因为唯一从这些群组中赚钱的人就是靠广告的脸书……我总是说，脸书就是互联网的沃尔玛，脸书一来，细分网站全部都得玩完。

在蕾切尔看来，数字图景曾经看起来像是充满夫妻店的商业区。现在几乎都是购物中心和大型超市了。当某个社区开始士绅化，地方商店就会失所，细分的小平台就难以在科技巨头统治的网络中生存。

另一个在士绅化的数字文化中有故事可说的平台是汤博乐。汤博乐是一个半微型博客半图片分享的平台，由网络开发者大卫·卡普（David Karp）和马可·阿门特（Marco Arment）于2007年推出。汤博乐是分享视频、图片、链接和文本的博客平台。汤博乐比推特这样的微型博客平台有更多的富媒体内容，比WordPress这样的平台有更多互动性，并以创意性社群为自己吆喝。不像很多同类，汤博乐给了用户很多灵活性，可以自定义用户页面和资料的样子。在脸书上，用户可以选择发布和分享的内容，但资料或页面的结构是由平台严格控制的。在汤博乐上，用户可以建立多个资料页且不违背用户准则。他们还能改变资料页和页面的外表和质感，编辑帖子的HTML。汤博乐的审查规则很松，并强调包容性，成了酷儿和跨性别者的避风港。该平台也有一群发布"不宜工作时浏览"（NSFW）内容的活跃用户。其中包括色情的艺术、诗歌、小说、（尤其是）照片等。在一项关于汤博乐无性恋社群的研究中，布莱斯·伦宁格（Bryce Renninger）论称有几项特征为汤博乐吸引了边缘人群：不鼓励随便浏览，帖子都能很容易追溯到原帖主（original poster，用汤博乐平台的术语叫OP），允许隐私与匿名，不强调用户的状态（如关注者数量、平台注册时间）。这些特征都让该平台产生了一种卡巴莱歌舞\*的氛围，用户可以自由表达，寻找

---

\* 卡巴莱（cabaret）是指餐馆或夜总会于晚间提供的歌舞表演。

趣味相投的人，不用太担心平台的监管。

乘着流行之际，尤其是深受年轻人欢迎，2013年6月汤博乐被雅虎用惊人的11亿美元收购。2019年，汤博乐作价300万美元被卖给了WordPress的母公司Automattic Inc，仅仅是之前价格的零头。发生了什么？汤博乐的价值为什么掉得那么快？部分原因是，汤博乐的失宠跟社交媒体平台的兴衰路径是差不多的。在2013年至2019年之间，Instagram、Vine和抖音国际版（TikTok）开始蚕食汤博乐的用户。就在汤博乐需要与竞争者作出区隔之际，它推出了孤立其核心用户基础的政策。2018年，汤博乐封禁了多个成人内容分类，包括展示露骨素材的"图片、视频或动图"，"以及［展示］性行为的绘画"。突然间，那些在汤博乐有宾至如归之感的团体被驱逐了。新规则引发了讨论，汤博乐到底为了什么以及为了谁而建。

用户对目睹的一切感到愤怒，视之为背叛了汤博乐的核心价值。许多人指责汤博乐违背了为边缘社群提供安全空间的承诺。怪咖式偶像和汤博乐网红威尔·惠顿（Wil Wheaton）对这一争议发表了看法，"根据边缘和脆弱人群的说法，政策改变将直接伤害他们。而这是不可原谅的"。如果政策改变反映了公司的优先事项，汤博乐封禁NSFW标签和色情内容则预示着该平台在向主流靠拢。新的目标似乎是增加用户，而不是满足最忠实用户的需求。正如Vox的记者阿哈·罗马诺（Aja Romano）所言，"问题不只是汤博乐能不能在这场自我清洗中幸存下来，还在于汤博乐的核心用户是谁,什么能鼓舞他们继续在此平台建立自己的社群,而这个平台正在贬损核心用户的价值和他们在塑造汤博乐文化中作出的关键贡献"。

推行新价值而不是尊重既有价值,导致汤博乐失去了根基的关键部分。还在逗留的用户看着汤博乐的交易价值自由落体式下坠,产生了特定的满足感。一个用户名为snakegay的汤博乐用户在一篇帖子里如此解释:

> 买了汤博乐的人根本上就弄错了一个事实那就是我们这些仍然使用汤博乐的小丑只是因为它是一片无人区它的架构完完全全阻止了其他社交媒体上会产生的大量恼人的垃圾。没有会员费这种乱七八糟的东西,帖子都是按顺序排列的,有高度的匿名性,等等,用户独特地对变革充满敌意简直就是不管做什么都会被群起而攻之,任何一个怀着不同目标买这个网站的公司都会有够受的并且最终会在几年愚蠢的改革之后卖掉它。

这个不让步的汤博乐用户没有把用户看成被无限内容吸引的人,而是认为他们对平台有着重大权力。如果用户看重"没有会员费这种乱七八糟的东西,帖子都是按顺序排列的,有高度的匿名性",那么他们就能通过挟持网络注意力来保护这些属性。此处的差别是公司价值和用户价值,前者完全基于金钱和股价，后者则包括自我表达、多样性和匿名性等。

汤博乐从互联网酷小孩变成被抛弃的鬼城，形容这种转变的一种方式是，一次失败的士绅化尝试。就像焦急的开发商想接管某个社区一样，汤博乐的拥有者把增长置于保护现存文化之上。当新居民没有出现，这些被遗弃的用户既感到恼怒，也感觉松了一口气。一位叫lesbianrey的汤博乐用户解释道："不得不说我确实觉得这个网站很烂，但是……汤博乐有一点不错就它不像推特、脸书、Instagram之类的那样……公开化？更像是以前的互联网，你可以有自己的细分群体……我不知道我就觉得现在很难像那样。"有些汤博乐用户对变革充满敌意，愿意向公司领导层喊话，他们能看到待在一个感觉被主流抛弃的平台里存在的价值。对有些人来说，汤博乐执行的政策瓦解了边缘人群，已经失去了其身份的核心部分。

汤博乐的衰落是必然的吗？汤博乐本可以向为酷儿和反主流文化社群而建的平台靠拢。它本可以试验一些不需要争取尽可能多受众的商业模式。相反，汤博乐选择了与主流的用户、价值和商业模式为伍。结果造成了财政灾难，用户也越来越摇摆不定。

汤博乐和BME代表了数字文化中更老派的伦理。这些平台相信互联网本就该奇异，人们在网络中保持匿名没有问题，社群应该以人而不是利润为本。BME的故事表明平台之间存在斗争，细分的小网站难以和拥有近乎无限资源、规模大得多的网站抗衡。尽管BME努力维持其政策，保持反主流文化特色，汤博乐也为了获得更多用户而不惜出卖基本盘，但结果依然是价值急剧下落，出现了身份危机。两个网站都在斗争中败给了拥有更多资源、对边缘群体投入更少的大平台。他们的衰落，部分原因是平台自身的决定，通常是违背了用户的价值观，这些用户想拥有反主流文化的、多样的网络避难所。在两个案例中，用户最终都遇到了更多的规则和限制，之前言论开放的论坛为了跟脸书更好地竞争，都变成了奇异更少、同质化更多的平台。BME和汤博乐的兴衰向我们表明，当数字文化的规范向主流歪斜，我们容易失去什么。

## 算法以及关于"真"名的斗争

科技巨头平台迎合中庸，因为边缘者常常富有争议，难以控制。这种对迎合大众口味的东西的偏好，导致社群变得越来越被孤立，越来越不多元。让网络社群感觉更同质化的一大驱动力是把内容推送给用户的算法。脸书的界面可能对每个用户来说都一样，但是平台实际上会基于人们过去的行为推送不同的内容。一个保守的基督徒和一个支持巴勒斯坦的激进活动家用谷歌搜索中东相关的议题，可能会得到迥然不同的答案。当然，线下世界也有滤泡。社会学家发现，即使是人们声称自己更喜欢住在多样化的社区，但他们所住地区常常仍然是相互隔离的。也正是这让网络孤立非常令人沮丧。早期数字社群带来的期许，是让我们走出学习、工作和信仰的滤泡。反抗现实中的滤泡，对主流社交媒体平台越来越不重视的那些网络社群来说，是潜在的好处。

找到去隔离和去孤立的方法在当下无比重要。在美国，学校一直以来就是隔离的一个关键战场。尽管20世纪60年代美国产生了标志性的民权立法，但是美国校园的种族和经济隔离从21世纪初开始又有抬头之势。2016年，美国政府问责署（U.S. Government Accountability Office）发现，2000年至2014年间，K-12*公立学校中被划分为高度贫困学校的比例，和生源以非裔或拉丁裔学生为主的学校的比例都显著上涨，从7009所上升2倍多，达到15089所。经济多样性正在减少，富人家的孩子和穷人家的孩子上的越来越是不同的学校。存在种族或社会经济孤立（75%及以上的学生是同一种族或阶层）的学校比例从2000年的9%上升到2014年的16%。学校是重组社会关系和对抗不平等的关键场所。如果我们的宗教和工作场所已经被隔离了，那么能让我们有机会学习不同观点和价值的空间就显得尤为重要了。社交媒体平台本能够让我们的社交网络多样化。但很多平台却令我们更加孤立。

---

\* 美国教育制度中从幼儿园到高中阶段的统称。

导致滤泡同质化的部分原因是坚持要求我们在网络平台上使用真名。恶搞、煽风点火、诈骗——我们常常把网络上不好的行为归咎于匿名。但是在互联网的早期，用化名、网名或假名是普遍情况。对于自己的信息有多少出现在网络上，人们有很大的控制权，破解某个人的身份通常需要大量工作或者深入了解其网络习惯。BME和汤博乐对用户身份有不同的政策，但他们都允许或鼓励假名或匿名。但这种情况越来越少了。互联网研究者达纳·博伊德（Danah Boyd）指出，过去在网络上，人们默认你是匿名的，公开需要自己选择。现在我们的信息是默认公开在数字平台上的，而保持匿名则需要花费精力。

为什么真名政策重要？它们是如何被挑战的？2014年，脸书就因真名政策与女装大佬展开斗争。超过200名女装大佬的账号因为用户名与真名（指政府颁发的身份证件上的名字）不符被举报和冻结。脸书坚称使用真名开设账号是其常青藤背景的遗产，那时候脸书资料页只对哈佛邮箱（harvard.edu）公开。即便脸书后来扩张，囊括了其他大学（2005年），最终向13岁以上的人全部开放（2006年），但真名政策保留了下来。这个问题多年来一直有人抱怨，但对女装大佬的针对性举报则令人感觉是恐跨性别和恐同性恋行为。反对声浪迅即而猛烈。争议发酵的时候，我研究了布鲁克林女装社群大约一年。跟许多表演者一样，女装大佬花了很长时间取艺名和建立公开的人设。有些我采访的人只想在脸书上以艺名活动；而有些人则更想要两种形象，以便分开自己舞台上下的不同人设和社会关系。他们都不得不遵从脸书的规则，即便这些规则过于直接和严格。

女装大佬不是唯一关心名字问题的，美洲原住民、记者、警察线人以及性侵受害者都有很好的理由让名字更灵活。女装大佬与这些群体组成联盟，在线上和线下发起运动要求政策作出改变。最终，脸书妥协了，改变了让那些看起来或听起来不像脸书理想用户的人失所的政策。从诸多方面来说，这是胜利——让一家主流社交媒体公司认错并采取新措施可不是每天都会发生的。但此事件仍然留下了一些悬而未决的事宜。为什么人们不能拥有不同的个人形象呢？为什么平台不能在出现重大争议之前就给用户更多空间呢？

当涉及极端或非法内容的时候，"人们应被允许掌控其线上身份"的看法就变得棘手了。或许我们允许女装大佬用多个名字，但并不想诈骗犯或恐怖分子也如此。区别在于，女装大佬（和美洲原住民、被虐待幸存者等群体）并非用假名犯罪。他们恰恰是按照指示来使用脸书的——推广自己、维持关系。我们可能会问，为什么平台应该满足女装大佬的需求呢？为什么像脸书这样拥有20亿用户的公司，要改变政策帮助一小群人呢？我在展示反主流文化或边缘群体如何被主流科技平台抛下的研究时，常常会碰到这个问题。我的答案是，大多数主流科技公司坚称他们在建立社群的时候是想包容的。如果这些公司——不只是一次而是一次又一次地——无法想象边缘群体可能会怎么使用其技术或者怎么与它们的技术发生关联，那么我们就有理由质疑它们对包容的承诺程度。

脸书已经不再要求用户名与驾照直接匹配。但是该公司依然非常执着地想知道用户究竟是谁，其他科技巨头如谷歌、亚马逊也是如此。对用户资料的着迷，主要原因肯定与广告有关，我将在下一节中展开。但是推进真名与造成孤立存在莫大的联系。在一篇关于数字媒体如何改变音乐行业的评论文章中，记者阿曼达·佩特鲁斯奇（Amanda Petrusich）观察到，"粉丝文化如今正史无前例地分裂；你已经不需要取悦或沉迷于他人的丑陋品味了。一个乐迷能够（这也是受到鼓励的）在网上找到任何直接满足其偏好和欲求的细分社群……然后占领那个空间，在志同道合者之中建造一座强化的小屋"。

不论是流行音乐还是政治，网络个性化都将我们推向单调。互联网应该是世界上关于DIY教育和自我发现的最大希望。有时候它仍然是，不论我们说的是维基百科的信息还是SoundCloud上的音乐。但是当平台把我们丢进筒仓，关掉了通向惊喜的通道时，我们必须得警惕。

## 数字划红线和广告收入的暴政

美学、用户群和规范迥然不同的平台常常有一个关键共同点：广告。更准确地说，他们依靠广告来维持一个可盈利的商业模式。当然每个公司都想挣钱，但卖广告并不总是社交媒体公司赚钱的默认模式。平台（如BME、维基百科、克雷格列表\*）这些年来都尝试过捐款和会员费。有些严重依靠志愿劳动解决管理和技术问题。但大多数网站靠广告维生。通常这意味着人们可以"免费"注册使用某个平台或服务。用户不用付会员费，而是同意把自己在网站上的信息卖给广告主。本质上用户是把个性化内容和社会联系产生的个人数据交易出去了。

平台准确地知道上网者是谁，就能更容易地利用用户资料赚钱。这也是为什么大多数平台都希望用户越透明越好，但同时又对自己的算法和广告模式尽可能隐瞒。关于我们的喜恶和社交网络，广告主在掌握越来越详细的资料之后，就能把广告对准非常精确的人群了。你是玩具公司想要触达的28岁至34岁新晋父母吗？你是健康食品商店感兴趣的练瑜伽的素食主义者吗？广告主有几百种兴趣和身份标签可以瞄准你。相互交易的结果是，公司了解我们的信息远比我们了解它们的多。在一个66%的美国成年人通过脸书获取新闻、更多人网购而非线下购物的时代，数字广告是注意力、入口和素养的关键战场。

对用户数据和广告的痴迷造成了遍布网络的不平等。早先我已经描述过剥夺边缘人群买房机会的划红线。在主流社交媒

---

\* 克雷格列表（Craigslist）是一个网上大型免费分类广告网站。

体平台上，数字划红线利用了大量用户数据推送产品和服务，不仅仅是定向的，而且是充满偏见的。数字划红线的核心是数据掮客。数据掮客是那种买卖用户数据的公司，是社交媒体公司和广告主的中间人。有些人不介意数据搜集和定向广告，而有些人则觉得它们毛骨悚然，侵犯性强。但此处的关键在于，这些数据如何可能会被不正当使用。通过数字划红线，数据掮客可以基于身份或居住地把广告推送给用户，造成了权力的严重不平等。一群叫作"我们的数据身体"（Our Data Bodies）的活动家和学者，其中包括塔米卡·刘易斯（Tamika Lewis）、西塔·培尼亚·甘加达兰（Seeta Peña Gangadharan）、马里耶拉·萨巴（Mariella Saba）、塔瓦纳·佩蒂（Tawana Petty），一起写了一本操作手册《数字防卫攻略》（*Digital Defense Playbook*），利用活动和资源提倡"数据正义和平等的数据控制权"。手册描述了主流互联网的一系列问题，尤其是关于普通人对自身数据的控制权多寡："当我们的资料被操纵、扭曲、偷窃、剥削或滥用，我们的社群就会被扼杀、阻塞、压制，我们的自决和成长能力就会被系统性地控制。"（关于此话题的更多内容，请参阅安德烈·布罗克［Andre Brock］、弗吉尼亚·尤班克斯［Virginia Eubanks］、萨菲娅·诺布尔［Safiya Noble］的作品，关于科技巨头和政府项目歧视有色人种和穷人的方式，他们都写过强有力的作品。）

数字划红线与城市士绅化有直接联系。2019年，美国住房与城市发展部就住房歧视问题起诉脸书。根据住房与城市发展部，脸书让广告主基于用户的"种族属性"和性别推送广告，违反了《公平住房法案》(Fair Housing Act)。2019年住房与城市发展部的抗议并不是脸书第一次被指控数字划红线。2016年，ProPublica[\*]发现脸书授权广告主根据包括种族在内的不同属性隐藏或展示广告。结果就是，住房和工作的广告可能会故意不向有色人种展示。脸书的广告工具阻止特定地区的用户看到特定广告。这些工具真的可以在地图上划出红线，定向选择用户，这跟20世纪中叶造成美国住房隔离的"划红线操作"直接对应。

在士绅化中的社区，新商业开张并不一定是坏事。但在损害老顾客的基础上迎合新来者，那新商业就成问题了。当公司依赖广告，类似现象就会出现。广告的问题并不真的是商业本身。而是商业利润如何驱动对用户数据的迷恋，这对边缘群体来说代价更加高昂。2019年《连线》(Wired)杂志的一篇社论中，泽伊内普·蒂费克奇 (Zeynep Tufekci) 论称广告只有大型互联网公司行得通，因为从广告中获利需要大量的用户基础。一旦广告商业模式成为吸引主要投资者的最佳方式，那么小平台就会开始挣扎。蒂费克奇对广告的另一主要批判跟注意力经济有关。依赖广告要求"内容创造者在这些大平台上追逐眼球

---

[\*] 美国的一家非营利新闻机构。——编注

和广告收入,这些大平台的商业模式则青睐爆款、虚假信息和愤怒"。蒂费克奇称依赖广告让我们都变糟了。受到侵犯的隐私、假新闻和极端内容——他们都是广告收入和数据掮客权力推动的副产品。

如果网络文化变得那么不平等,为什么没有更多人离开呢?人们难以离开某个社交媒体平台,很多原因跟人们难以离开某个社区一样:你的亲友在这里,你可能已经花了很长时间安顿并建立了本地关系。即便是社区在以我们不喜欢的方式变化着,我们也很难卷铺盖走人。本质上,不走的原因与代价有关。如果有重大的社会压力或工作压力让我们不得不保持在线,不是每个人都能够退出社交网络。

用户可以采取行动对抗充满侵犯和偏见的数据搜集。在《混淆》(*Obfuscation*)中,芬恩·布伦顿(Finn Brunton)和海伦·尼森鲍姆(Helen Nissenbaum)罗列了几项策略,以提升人们在网络追踪和躲避(或曰混淆)个人信息方面的素养。他们提议安装可以追踪和屏蔽小甜饼\*的浏览器插件,让多个人使用同样的社交媒体账号,在设备之间切换SIM卡,制造一连串网络活动隐藏自己的踪迹。更多地了解如何搜集数据非常关键,因为我们需要平衡科技公司了解我们的程度和我们了解它们的

---

\* 小甜饼(cookies),类型为"小型文本文件",指某些网站为了辨别用户身份而储存在用户本地终端上的数据,通常经过加密。

程度之间的天平。即便是小小地改变我们的日常网络习惯，也能够给数据掮客、广告主和社交媒体平台制造麻烦。

数字文化总是在变化。科技变革，新平台出现，旧平台消失。改变本身不是问题，问题是数字文化正在朝着为少数人利益而牺牲多数人利益的方向演变。在城市中，士绅化反映了天平在偏向开发商和新来者，远离原住户及其文化。数字划红线则表明，歧视性的数据收集和不平等的房地产市场造成的伤害，两者是直接的类似物。更宽泛地说，大型社交媒体平台正变得越来越大，而小平台则在挣扎着生存。如果数字文化的这些趋势继续下去，我们的网络体验将越来越不多元，越来越孤立，变得高度商业化。

# 第三章 科技巨头的巨大问题

科技并非凭空出现；它来自人和公司，对科技能解决的问题以及人类如何使用科技，这一群体有特定的想法。要得到关于互联网和互联网政治的答案，我们得看看科技巨头的目标和价值观。正如《连线》杂志的一位记者史蒂文·约翰逊（Steven Johnson）所言，"不论你怎么看科技巨头，这一新财富和信息网络的聚合体，可以说是人类历史上最有影响力的群体。能准确参透其政治将是件好事"。士绅化提供了一种参透科技巨头政治的方式，帮助我们理解这一行业如何重塑大城市，其平台如何造成不平等与偏见。

科技行业在三个方面造成了士绅化：公司总部占领了社区，科技巨头员工缺乏多样性（它也造成了孤立），行业塑造的商业文化把利润置于人之上。科技巨头与士绅化之间最直接的关联体现在对城市空间的争夺上，科技业从业者是城市士绅化的冲锋部队，他们的目标则是公司总部所在城市或总部附近的城市。第二个议题与谁能够在科技行业工作有关。跟科技巨头支持的士绅化社区一样，科技业本身就存在严重的多样性不足：在科技巨头工作的人里，白人、男性和年轻人占据了与人口结构不相称的比例。缺乏多样性乃是重要问题，因为同质化的劳动力影响了他们设计或推广的设备和平台。最后，我会展示互联网在其优先事项上是如何士绅化的。互联网始终允许人赚钱，但是2008年美国金融危机之后，科技行业的文化改变了。银行业专家的大量涌入带来了新的优先事项，强调加强控制，消灭竞争者。结果就产生了一个这样的产业：推动它的是正在建立的垄断而不是激进的创造力。

没有哪个行业可以被笼统地概括。科技巨头包括了几千家公司，制造了无数产品。没有哪一种观点或哪一套政治能够完全体现这一切。每个行业的内部，甚至每个公司都有表达异见的通道。从2017年开始，主流科技公司如谷歌和微软都受到内部抗议、罢工、要求保护员工和拒绝重大国防合作等行为的冲击。我在大科技公司和媒体公司（微软和维亚康姆\*）工作过，所以我直接地知道大公司中有不同意公司所有决定的员工。即便如此，仍然存在着指导行业整体的规范和趋势。

我说的"科技巨头"，是指推出广受欢迎的产品和服务的主流科技公司。我在这一章中谈论科技业的时候，我真正谈论的是左右了硅谷的主流价值观。（硅谷是主要的科技产业聚集地，

---

\* 维亚康姆（Viacom）是美国一个跨国传媒娱乐集团，其主营业务包括电影和有线电视。

但世界上还有其他中心如北京、班加罗尔、柏林和特拉维夫。我没有空间细述硅谷意识形态散播［或并没有散播］到全球的方式，但是其中连接他们的共同因素包括，相信技术的进展会驱动社会改善、支持资本主义、抗拒监管。）

科技巨头的信仰体系常常被称为网络自由意志主义（cyberlibertarianism），或者叫加州意识形态。这套价值体系包含什么？科技巨头常常相信科技是社会问题的答案。认为技术驱动社会变革的理念叫作技术决定论（techno-determinism），意指技术决定了社会结果。技术决定论一个绝佳例子是，"每个孩子一台笔记本电脑"计划，该计划认为向每个拉美儿童发放电脑能够克服贫困、种族主义和歧视方面的主要障碍。正如科技行业研究者摩根·埃姆斯（Morgan Ames）在对该计划的长年研究中发现的，单靠电脑不能"解决"拉丁美洲或任何地方的教育问题。真正需要的是给教师更高的工资、更多的培训和更大的社会安全网。

科技巨头价值体系的另一大关键特征是优绩主义（meritocracy）。理论上优绩主义是好东西，因为它强调做事的能力并且（据说）忽略种族和性别等身份标签。问题是在科技行业中，是否能得到鼓励和获得培训资源，常常跟种族、阶级和性别有关。在实践中，优绩主义常常无法把特定群体面临的不利因素考虑进去。

值得铭记的网络自由意志主义者最后一大特征是他们常常

在社会议题上是自由派,但涉及联邦监管时偏爱不干预的政策。相信加州意识形态的人,常常不介意纳税(或者建立非营利组织解决社会问题),但是他们并不想让政府监管科技业。这些价值观在一起,表明了一种这样的价值体系:提倡社会变革,但用技术手段去做,且不对资本主义提出实质性挑战。(更多关于硅谷的政治和价值观的内容,请参阅梅根·斯潘纳·安克松[Megan Sapnar Ankerson]和弗雷德·特纳[Fred Turner]的作品。)

### 当科技巨头成为你的邻居

在本书中的大部分场合,我把士绅化作为一个隐喻来思考数字技术背后的政治。但士绅化和科技巨头之间也有一些现实中的联系,比如当科技公司迁入然后开始营业,它所在的城市或社区会发生的事情。许多城市热衷于把科技巨头招徕本市,认为他们能够刺激就业和本地商业。2018年,亚马逊宣布计划建立第二总部(第一总部在西雅图)。此新闻引发全美国城市的骚动。各个地方政府使出浑身解数,提供减税等激励措施,比如承诺提升公共交通、增加绿色空间。亚马逊最终宣布计划开设两处新总部,一处在华盛顿特区外,*一处在纽约皇后区。在

---

\* 位于美国弗吉尼亚州阿灵顿县。——编注

当地活动家和立法者的抵制之下，皇后区总部计划破产，活动家们提出的一大要点围绕着这个问题：为什么地方政府要给世界上最富有的公司之一减税？

在经过多年的不盈利之后，亚马逊现在是世界上赚钱最多的公司之一。根据消费者新闻与商业频道[*]的安德鲁·戴维斯（Andrew Davis）记录，2018年亚马逊获得创纪录的利润，净收入101亿美元。同年，亚马逊缴纳的美国联邦所得税是0美元。事实上，亚马逊还收到了美国联邦政府退还的1.29亿美元税款。尽管亚马逊仓库里的工人得承担个人所得税，亚马逊公司自身实际上却能凭空进账。地方政府乐意效仿联邦政府，为这家富得流油的公司减免税收，与此同时却无视对平价住房的呼吁。城市研究者理查德·佛罗里达（Richard Florida）形容亚马逊寻求第二总部的行为是提升经济增长的"灾难性"挫折。他称提出的激励措施"制造了虚假竞争，来操控程序和攫取奖励。政客即便知道这是恶政，也依然竭尽全力地参与其中，因为他们认为夺取这一锦标会让他们焕发光彩，赢得选票"。

不用非得亚马逊级别的利润才能走上地方政府铺设的红毯。城镇或社区认为招徕大公司入驻是有利可图的善举，科技公司常常利用这一点。但把公司办公场所引来入驻并不总是好事。

---

[*] 消费者新闻与商业频道（Consumer News and Business Channel），又称全国广播公司商业频道，是美国一家通过有线电视、卫星电视和互联网覆盖美加地区的财经新闻频道，隶属于NBC环球新闻集团，同时也是康卡斯特集团（后文将提及）的子公司。

根据经济学家阿米海·格莱泽（Amihai Glazer）的观点，给大公司的税收激励常会适得其反，主要原因有以下几点。首先，如果公司没有达到交易的目标，激励措施里也没有相应的惩罚，这意味着即便之后出现裁员或公司倒闭，他们依然能获得减税。其次，大公司给一座城市带来的收入，几乎从来不会超过这座城市花费在激励措施上的收入。并且大多数时候（达75%！），税收激励并不在公司的决策中起到主要作用，也就是说即便没有许诺条件，该公司依然会搬迁到那座城市。最后，格莱泽发现得到税收激励的公司比没有得到税收激励的公司稍稍容易失败。所以从统计学上来说，城市提供税收减免吸引企业入驻，没有人会成为赢家。

但是假设你不像皇后区那么幸运地躲开了科技巨头。如果科技公司真的迁入，会发生什么呢？它们会对房地产市场施加压力，过去多数人买得起的社区被涌入本地的员工挤满。除了提高住房竞争，科技巨头还降低了人们对周边的商业需求。科技公司给员工提供免费的午餐、零食甚至啤酒，实际上是减少了去本地餐馆的人流量。还有就是前面提到的税收漏洞。所以这些企业不仅提高了社区生活成本、降低了生活质量，同时还避开了本可投入学校和道路等公共资源的公司税收。考虑到这些缺点，科技巨头非但不是地方经济来的裨益，而且还给周边社区带来了负担。

关于科技行业在士绅化过程中的作用，最激烈的斗争发生在加州北部。尽管20世纪四五十年代科技行业就在硅谷扎根，但过去20年士绅化问题明显地恶化了。我成长于20世纪90年代的湾区，时值科技行业的第一次繁荣。本地企业如谷歌和苹果研发的技术给加州（和世界上其他地方）的普通人带来了重大改变，但是他们对周边城市如旧金山和奥克兰的房价并没有产生重大影响。当时，科技行业主要集中在硅谷，也就是湾区南部。跟之前的硬件公司一样，软件公司几乎都位于圣何塞郊区，比如丘珀蒂诺和帕洛阿尔托。

然而，2008年经济衰退之后的科技繁荣则完全不同。全美国的年轻人以创纪录的数量涌入城市。在加州北部的大城市，科技公司铺好了路，用签约金和特殊福利吸引年轻人。公司提供班车，在旧金山和湾区南部之间运送通勤的员工。结果即便科技公司的总部是在城市外很远的地方，它仍然制造了严重问题。在旧金山和奥克兰，富裕居民的数量猛增，给先前主要供应给低收入或中产有色人种的房地产市场带来了压力。我土生土长的湾区朋友常常互道关于房价飙升的恐怖故事。房产可能比要价高数十万美元，而买家则带着足够多的现金直接买下房子。结果加州北部的大城市越来越不平等，越来越不多元。在过去的25年里，旧金山、圣何塞和奥克兰的有色人种数量急剧下降，而富裕的白人居民则飙升。旧金山起初是士绅化的震中，后来它扩张到附近的其他城市。在奥克兰，失所现象更严重地出现在非裔黑人家庭和有孩子的家庭中。根据PolicyLink*的一份报告，2000年至2010年之间，奥克兰联合学区失去了超过1万名有色人种学生，奥克兰市失去了3.4万非裔居民，降幅达24%。2015年至2016年这1年之间，奥克兰两居室平均租金上涨了25%。科技行业不是催生这些变化的唯一行业，但它已经成为最能体现企业财富和地方社群之间的斗争的一面。

在疾速士绅化的社区，有很多关于来自科技业的人（主要是白人男性）出现种族主义和阶层歧视行为的故事。这些事件表明特权与权利的紧张关系。2014年，一些Dropbox员工穿着公司T恤赶走了旧金山一座足球场上的本地孩子。Dropbox员工坚称他们通过一个手机应用"预约"了场地，却不管孩子（主要是拉丁裔）一直都在这个场地踢球。2019年3月，一群富裕的旧金山人在众筹平台GoFundMe上建立了一个筹款页面，反对为无家可归者新建的一个资源中心。该活动募集了超过10万美元，聘请了一位律师，抗议该庇护所不合法。（使用众筹来对付流浪汉庇护所已经成为遍布全美国的做法之一——在GoFundMe等筹款平台上可以搜到数十个类似例子。）与此同时，一个反抗议的网站募集了超过17.5万美元用以支持该资源中心。当年晚些时候，最初的反对者输掉了与该城市的斗争，资源中心获得

---

* PolicyLink是美国一家致力于促进经济和社会公平的研究机构。

了通行的绿灯。但是始作俑者的"别在我家后院"[*]态度表明士绅能成为什么样的邻居。

跟这些大公司员工当邻居是什么感觉,我觉得最能说明问题的例子来自2015年的一个事件,也发生在旧金山,《芝加哥论坛报》的迈克尔·米勒(Michael Miller in the *Chicago Tribune*)留下了该事件的记录。贾斯汀·凯勒(Justin Keller)是一名软件开发者和创业者,他在2012年搬到了旧金山。3年后,他给旧金山市市长和警察局长写了一封公开信,要求对本地的流浪人口采取措施。在信中,凯勒抱怨道:"每天我上下班的路上,都能看见人躺在人行道上,到处都是帐篷,人类粪便,以及瘾君子的一张张脸。这座城市正在变成贫民窟。"凯勒继而承认很多人已经想到了士绅化,但是他拒绝为这座城市出现的问题承担任何责任:"我知道人们对这座城市发生的士绅化感到沮丧,但现实是,我们生活在自由市场的社会里。富裕的有工作的人挣得了居住在这座城市的权利。他们出门闯荡,接受了教育,努力工作,然后挣到了这一切。"凯勒在信中也把无家可归者说成是"贱民"(riffraff),从他的信里,我们看到了科技巨头对优绩主义和资本主义的信仰中危险的一面。对凯勒来说,优绩主义意味着努力工作就能得到回报。这种想法的另一面是,一无

---

[*] 原文NIMBY,是not in my backyard(别在我家后院)的缩写,持此观点的人常常不满诸如新道路、住宅区或监狱建在他的居住地附近。

所有的人一定没有努力工作。或许凯勒这样的人确实为自己的成功投入了非常多的精力。但这不能说明，没有高工资或者好房子的人就懒惰而且不配得到这些。对凯勒这样的人来说，士绅化是变革的积极力量，是资本主义社会自然循环的一部分。站在凯勒的角度，旧金山的士绅化步伐跨得还不够大——没有足够的失所，城市依然太多样化。凯勒等人听到士绅化会认为它是"进步"，对他们来说，士绅化是资本主义的另一种表述。但正如城市研究者尼尔·史密斯（Neil Smith）坚持认为的，"对于困顿者、被驱逐出住处的人以及被驱逐后被迫流浪的人来说，士绅化的确是一个肮脏的词汇，而且应该始终是一个肮脏的词汇"。

科技行业与湾区士绅化之间的关系中颇具反讽意味的是，科技巨头正在驱赶的这些社区，恰恰是激发美国早期互联网极端创造力的社区。媒体史学家弗雷德·特纳（Fred Turner）写过数字科技的反主流文化根源，从嬉皮社群到火人节\*。但是科技巨头对反主流文化的价值观似乎只是做做样子，一面驱赶着这种文化的核心社区。正如《卫报》科技记者奥利维亚·索伦（Olivia Solon）对湾区的观察："这里曾经有一种反主流文化，它的语言和感悟力有时会被科技行业采用，但它的践行者几乎

---

\* 火人节（Burning Man）是一年一度在美国内华达州的黑石沙漠举办的为期九天的活动。名字来自活动中焚烧巨大人形木像的仪式。此活动被许多参与者描述为社区意识、艺术、激进的自我表达，以及彻底自力更生的实验。

都被科技行业用钱挤出去了。"

科技公司越来越意识到自己是其总部附近房价危机的重要原因。解决这些问题的动机与其说是利他主义，倒不如说是务实：在房价近乎难以承受的城市里招聘员工很难。在旧金山、奥克兰或周边郊区买房已经难上加难，即便是工资六位数的人。2019年，谷歌宣布将在未来10年投资10亿美元，建造2万套公寓住房。据何欣（Vivian Ho）在《卫报》上刊发的报道，其中7.5亿美元资金将把现有的谷歌办公空间改造成1.5万套公寓住房。谷歌还捐了5000万美元给致力于解决无家可归问题的非营利组织。剩下的钱将分配给开发商作为建造5000套平价公寓住房的"激励"。谷歌能够意识到自己在士绅化中的作用，并愿意出钱解决该问题，这很好。但是谷歌对抗士绅化的计划中，仍有一些重大的未知数。我们不清楚这些新房中有多少会分给谷歌员工，又有多少分给其他人，而平价房屋与高价房屋的比例依然没有达到本地活动家呼吁的数字。最重要的是，我们得牢记——谷歌本质上是在解决一个由自己助长的问题。

其他公司走的则是旧金山初创企业Zapier（该公司主要业务是让不同网络应用组成自动化协作流程）的路径。2017年，该公司开启了一个新的"迁离"项目，为其员工搬出湾区提供1万美元。这项计划利用数字沟通的优势，也打破了员工必须住在湾区的思维。2020年，为了应对新型冠状病毒感染，许多科技公司要求（没有被裁掉的）员工居家办公。推特和Square*等公司宣布措施是永久性的，此举对作为科技巨头枢纽的硅谷可能会产生深远的影响。这些举措对巨头内部的低薪工作者和后勤人员并没有太大意义，他们常常没有这些福利（也常常被裁掉或停职）。科技行业认为自己具备前瞻性，专注于解决问题，因此我们应该要求他们对自己正在制造或助长的问题提供创造性解决方案。但士绅化是非常宏大的议题，依靠单个公司的零散实验和利他主义是无法解决的。我们也需要地方的住房监管和围绕行业规范的大范围社会压力。

好的邻居应该是什么样的？科技公司里常常有叫"社群经理"（community managers）的员工，鼓励员工中的协作和交流是他们的工作。如果其工作描述重新定位为与当地社区协作、交流呢？社群经理不是促进同事之间的士气和协作，而是通过培养关系和解决问题成为当地社区的桥梁。如果科技公司不再把很多钱花在奢华的节日派对和贵重物品上，而是把资源投到当地学校、基础设施和住房计划上呢？科技公司也需要不再要求减税——地方政府也应该停止提供减税。并没有很多数据表明，减税对企业有好处，但有大量证据表明减税对于提供减税的城市是有害的。要成为更好的邻居，应该自上而下和自下而上地共同努力，企业解决住房问题要跟研发新产品一样具有创

---

* Square是美国的一家支付解决方案提供商。

造力，员工对社区要像对创新技术一样投入。

科技巨头怎样能成为更好的邻居，对此最了解的人，或许是那些亲身经历了大型科技公司搬入带来的变化的人。2019年，约兰达·查韦斯（Yolanda Chavez）给谷歌首席执行官孙达尔·披猜（Sundar Pichai）写了一封公开信。作为一个举家在加州圣何塞生活的移民和活动家，查韦斯对谷歌将在她家附近建立新办公园区心存担忧。对于科技公司如何成为更好的邻居，她也有一些可靠的实际建议：

> 您的新园区将依赖数千名服务人员做饭、打扫、安保、开班车。这些人比你们的其他员工更可能是拉丁裔和非裔美国人。您会保证他们对工作有发言权，能自由地聚在一起协商更好的工作环境吗？您会采取措施雇佣来自圣何塞的未来工程师和程序员，并且为我们社区更多的孩子提供教育和从事这些工作的培训机会吗？

查韦斯的公开信对我们来说是重要的提醒，它提醒我们士绅化不只是人们和科技巨头之间关系的隐喻。在某些情况下，社区纽带、平价住房和科技行业政治之间的关系是实实在在的，代价非常高昂，迫切需要地方上的行动。

## 滤泡中的生活：科技巨头的多样性问题

科技行业与士绅化的社区还有一个共同点：孤立。2018年，脸书员工马克·勒基（Mark Luckie）的一篇博文火了。勒基的工作是国际网红的策略伙伴经理，但是在写完那篇博文后他很快就辞职了，该文直指脸书忽视黑人用户，疏远黑人员工。他称对有色人种的微攻击\*在脸书盛行，向人力资源部门投诉常无功而返，包容的举措也不上心。该博文提供了最大互联网公司之一的内部视角，而该视角令人沮丧。在解释自己为什么计划离开脸书时，勒基写道："继续目睹并身处这种对少数族群声音的系统性权利剥夺（不论是多么无意）的中心，已经超过我个人愿意牺牲的程度。"揭开公司面纱，暴露其狭隘、偏见和失败的科技巨头员工有不少，勒基只是其中之一。贯穿这种科技巨头内部爆料流派的，是容纳不同的观点和视角的需要。没有科技巨头内部的多样性，其产品和用户将继续成为"系统性权利剥夺的中心"。

勒基指责脸书不重视包容性，谷歌也正在悄悄地削减多样性措施。从2018年开始，谷歌的内部多样性和包容性项目就开

---

\* 微攻击（microaggression）指不经意间流露出来的歧视。

始缩小乃至完全被砍掉。2019年,在多样性培训上工作的全职员工都转岗到了其他项目上。(对此,10名美国国会的民主党议员要求谷歌解释关于对多样性投入减少的报道。)培训并不是科技行业支持社会正义的唯一(甚至不是最好的)方式,但它是一家公司的政治与优先事项的重要信号。所以,当谷歌这样强大的公司不再支持促进社会正义和公平的项目,意味着什么呢?

对于研究技术和伦理学的人来说,指出科技行业缺乏多样性已经是老生常谈了。但只是听过这种抱怨,并不意味着问题就解决了。事实上,科技行业从业者缺乏多样性已是重大顽疾。与私企整体相比,美国科技行业雇佣了更大比例的白人(科技行业是68.5%,而私企整体是63.5%)和男性(科技行业是64%,私企整体是52%)。科技巨头雇佣女性,常常是在"软技术"职位上,比如人力资源、用户体验,而不是编程或开发。根据2016年美国公平就业机会委员会(U.S. Equal Employment Opportunity Commission)的一项报告,科技行业也雇佣了更少比例的黑人员工(7.4%,私企整体是14.4%)和拉丁裔员工(8%,私企整体是13.9%)。这份报告还披露,种族和性别偏见在领导层更加严重——在科技领域的管理层,83%是白人,80%是男性。

科技巨头中的另一种歧视形式跟年龄有关。根据《卫报》记者亚历克斯·赫恩(Alex Hern),脸书员工的平均年龄是29

岁，亚马逊是30岁。2019年，谷歌结束了一项年龄歧视相关的诉讼。该公司不承认违法，但同意支付1100万美元给超过200名应聘者，他们第一次申请谷歌的岗位时年纪超过了40岁。相关的数据和报告反映年龄歧视到了这种程度，我们不得不发问：如果科技公司都不愿意雇佣中老年人，又会如何严肃对待这一群体的需求呢？

同质化的工作场所生产同质化的产品。数据科学家凯瑟琳·德伊尼亚齐奥（Catherine D'Ignazio）和劳伦·克莱因（Lauren Klein）论辩道："某个系统为谁设计、由谁设计，都是非常重要的议题。它们重要是因为它们编码了偏见，且常常无意中将其放大，却不为人所知，也得不到解决……没有女性和有色人种更多地参与到编程和设计流程，可能得出开创性结论的新研究问题甚至没有人提出来——因为相关的人并不在现场。"换句话说，科技行业缺乏多样性造成了滤泡。科技行业充满了同龄人，与种族和性别多样性隔绝，生产了只对自己合理的设备和平台，但常常无法意识到这些产品没有考虑到别人。无法识别有色人种的脸部识别软件，无法处理口音的声音识别，不符合女性手掌大小的手持设备——滤泡造成的科技行业盲点，有众多令人尴尬的案例。

隔离且孤立的平台导致偏见和歧视。对此，人们设计新平台来对抗偏见。比如为了对抗民宿租赁公司爱彼迎（Airbnb）的歧视，Innclusive应运而生。研究发现有色人种被白人用户选作屋主或租户的概率更低。Innclusive则隐藏用户姓名和照片直到双方达成租约才显示,以此解决该问题。类似的还有2014年建立的Blendoor。安娜·韦纳(Anna Weiner)在《纽约客》杂志(*New Yorker*)的文章中形容Blendoor是"领英(LinkedIn)和Tinder的合体,但有一点特殊之处:充满个人身份细节(照片、姓名、毕业年份等导致种族、性别和年龄歧视的信息)的简历是给雇主看的,他们如果喜欢看到的资料,就会右滑。"这些平台的棘手之处在于,他们依赖科技方案解决人类问题。人类偏见的解决方案?建立理性的、可靠的、没有偏见的平台!但事实是,人类是充满偏见的——因为代码是人写的,算法也是偏见的。我们不能靠写代码解决这个问题,至少在我们达到更高的数字素养、创建更多对抗数字权力架构的工具和更多元的数字巨头员工构成之前不行。

当科技公司真的招聘了更多元的员工时,有时候也会被人指责是逆向歧视。2018年,科技记者阿龙·奥佩利(Aaron Aupperlee)描绘了语言学习应用多邻国(Duolingo)如何招聘了全女性的软件工程师。多邻国骄傲地在脸书上宣布这些细节时,一些评论者批评该公司降低了标准——他们认为,提高女性员工数量的唯一原因显然是降低对程序员技术的要求。多邻国的首席执行官路易斯·冯·阿恩(Luis von Ahn)在脸书上公开回应:"我很失望我们的帖子上高赞回复都来自愤怒表达歧视的男性,说我们应该雇佣最好的人而不是只想着招聘女人。对于这些男的，我会说：去20世纪70年代吧，别回来了。笨蛋们。"结果表明，在科技行业招聘更多的女性并不是很难：多邻国把招聘精力放在计算机科学项目中女性集中度高的大学里。（包括麻省理工学院、杜克大学、康奈尔大学、哈佛大学、斯坦福大学和卡耐基梅隆大学。）另一种策略是在大学里寻找女性社团，赞助2017年的格雷丝·霍珀大会（Grace Hopper Conference），该大会是世界上最大的女性科技从业者年度聚会。多邻国作出了姿态，把公司所有女性工程师都送去了大会，与数百名潜在的招聘对象会面。这些举措花费时间和资源，但是表明了创造更多元的员工构成是可行的。

就算人们不认同保证公司员工多元参差在伦理或设计上的缘由，其悬殊差异也会带来真切的财政损失。科技巨头中比例不足的少数族群，可能会感到在工作场所不受欢迎甚至充满敌意。如果部门或组织里没有像你一样的人，你很容易就感到不受欢迎或被孤立。正如脸书前员工马克·勒基在写到脸书的体验时所说："因为肤色，你在自己工作的地方感觉像个怪胎，经过张贴着让你'做真实自我'的海报，这种感觉本身就不真实。"勒基被孤立、被攻击的体验揭示了一个更大的问题。根据考波尔中心（Kapor Center）2017年的一项研究，在工作中感觉被边缘化会导致大范围员工离职，这一点应该能让雇主开始认真对待多样性。在工作环境中遭遇不公平或不当对待是科技行业中排名第一的离职原因。比"寻找更好的机会""不满意工作环境""被别的公司挖走""对工作职责不满意"排名都要高。即使不是为了促进包容,企业通常也想留下员工,因为招聘新员工也需要时间和资源。减少工作场所的滤泡能创造更公平更激动人心的科技,同时也能鼓舞士气,提升留存率。

当某地的本土人口发生重大转变,士绅化就会发生。但如果科技行业的人口一直是同质的,那么士绅化的隐喻还站得住脚吗?这个问题问得很合理。科技巨头一直都以白人和男性为主,但是至少在让女性进入理工科(STEM)领域方面(即便有色人种并不那么好)美国曾经做得比现在好得多。女性学习计算机科学的比例在1984年达到顶峰,占37%,主要是因为与苏联的冷战较量。在太空竞赛和核战争的威胁下,美国教育部作出努力,从小学阶段就开始让更多的女性进入理工科。30年后的2014年,女性拿到计算机科学学位的数量几乎掉了一半,只有18%。只有核战争威胁才能让学校、企业、社会规范认同女性也能学理工科,这么想真让人清醒。

尽管不只是美国的科技行业才同质化,但很多国家在把女性带进科技行业方面做得好得多。根据2017年ShowTech的一份报告,俄罗斯是世界上女性从事科技行业最多的国家。俄罗斯的女性科技从业者指出,普遍接受的社会规范(比如父母的鼓励)和理工领域的女性榜样,是女性进入科技行业的主要因素。澳大利亚是支持女性在科技行业工作的另一个佼佼者,在澳大利亚信息科技从业者中有31%是女性。在马来西亚,国油大学（Universiti Teknologi Petronas）的计算机科学项目中有惊人的61％是女性，中国台湾的长庚大学和泰国的玛希敦大学（Mahidol University）则在计算机科学课程中有将近1∶1的男女比例。在大学层面，雇佣更多的女性理工科教职工，组织全女性的实验室支持团体，以及建立同侪辅导项目可以产生作用。记住这些成功的国际案例很重要，借此我们能挑战谁有科技方面的"天赋"或"意向"的顽固观点；它们也提醒我们，多样性是可行的。

更多合格的女性和有色人种进入科技行业是实现平等的重要一步，但是如果他们得到了工作，却发现在工作中不受欢迎怎么办？科技行业常常强调优绩主义，也就是说人们的成功仅仅依靠能力。但是在海量的性骚扰和歧视证据面前，优绩主义站不住脚。亚马逊、微软、谷歌和特斯拉都曾面临存在性别薪酬差距和工作环境不宜的指控。员工多样性的问题不仅仅是招聘方面的公平，在其设计价值观和滤泡方面，科技巨头的多样性问题也很重要。为了构建更好的科技行业，我们必须要发问，当重大政策制定时，谁在场，谁可以回应政策制定者，谁能够在所使用的科技中看到自己？

要解决滤泡中被孤立的员工面对的问题，诋毁科技巨头并不是答案。我不认为科技巨头存在多样性问题是因为管理层想种族歧视、性别歧视、年龄歧视、残疾歧视、阶级歧视。他们大多数或许也能看到多样化职场的价值，既有财政的原因也有伦理的原因。但是缺乏多样性依然是科技巨头的大问题。我们应该抵制士绅化的科技行业员工构成，原因跟人们抵制士绅化中的社区一样：被孤立的人口制造了不受欢迎和不平等的环境。而在科技巨头中，这意味着他们创造的工具和平台充满偏见，不符合伦理，或者非常无聊。

## 利润高于人民，以及IPO童话的危险

至此，我已经讨论了科技行业围绕不平等和多样性的士绅化问题。作为社区成员，科技巨头造成了同社区居民之间的巨大财富差距；作为雇主，他们始终没有建立更加多样化的员工构成。我将带大家大概了解士绅化的最后一大特征，它跟科技巨头的垄断与利润模式有关。士绅化社区中新商业的问题并不是它们赚钱，而是它们如何赚钱，为谁赚钱。科技行业在公司策略上面临着类似的斗争。从2008年开始，科技巨头的商业模式就转变了，对网络线路另一头的普通用户产生了切实的影响。科技巨头开始支持垄断、反对竞争，这哄抬了用户成本，也压制了创新。

对于加州意识形态的信仰者来说，科技可以（也应该）解决重大社会问题。但是本行业的真实目的是赚钱——赚很多钱。互联网总是吸引生意和投资。但是渐渐地，重心从科技创

造力转移到了赚取利润和建立垄断。这是如何发生的？为什么科技行业的优先事项改变了？根据科技记者和业内人士的观点，2008年的经济危机让华尔街不再是美国职场新人趋之若鹜的行业。为了另谋财富，商业精英涌入硅谷。据美国有线电视新闻网（CNN）记者纳撒尼尔·迈尔松（Nathaniel Meyersohn）报道，2008年有20%的商学院毕业生在金融行业工作，12%在科技行业工作。10年后，两个数据调转了过来，13%的工商管理硕士在金融行业工作，17%在科技行业工作。

深挖商学院的规范和价值观需要再写一本书，但是行业专家说，金融文化的注入改变了科技巨头的优先事项。科技记者奥利维亚·索伦（Olivia Solon）采访了数十名科技从业者关于2008年后行业气候变化的问题。其中一名受访者如是说道："硅谷的焦点，过去曾是创新，附带赚很多钱，但现在两者反了过来。"鲍康如（Ellen Pao）一直在科技巨头里工作，有段时间担任Reddit首席执行官。在与《纽约》杂志（*New York Magazine*）的诺厄·卡尔温（Noah Kulwin）访谈中，鲍描述了她看到的科技行业文化的最重大转变："2008年市场崩溃的时候，受金钱驱动的人全都来到硅谷……正是这时价值观变化更大了。早期有一种互联网带来好处的乐观主义，结果21世纪初完全被扭曲了，这些持不同观念、不同目标的人来了。"

商学院文化如何改变了科技行业？首先，科技巨头的主导商业模式已经变成极端的反竞争。在科技行业的早期，初创企业相互就资金、人才和创新开展竞争。这导致了价值泡沫和炒作,但也带来了新技术。现在行业更加稳定但也更加封闭了。当新产品或新平台开始与脸书竞争,脸书直接把该初创企业买下来,并入自己的矩阵。脸书本身已足够庞大,再加上Instagram和WhatsApp,就成了骇人的垄断。微软和谷歌也差不多用同样的方式买下和并购新的竞争者,变成了巨无霸。在科技巨头的最新理念中,目标不再是通过竞争创造更好的科技,而是巩固控制,消灭竞争者。

批评科技巨头牟取暴利可能会让我听起来像是激进的马克思主义者。但是因为反竞争,科技公司实质上是在反资本主义。自由市场经济的主要理念就是企业为了顾客相互竞争,进而应该激发创新,为消费者保持低价。垄断压制了开放的市场,限制了观念和资本的流动。这也是为什么我们有反垄断法,和防止让公司或行业变得太强大的法规。走向反竞争只会对早期的投资者有利,对其他人都是真正的负担。

反对垄断有政治和经济的论据。2016年,丽娜·卡恩(Lina Khan)在《耶鲁法律评论》(*Yale Law Review*)上发表了一篇关于亚马逊的文章,因此上了报纸科技和商业板块的头条。卡恩的主要论点是,我们应该回到20世纪初对反垄断法的认知上。在美国,很长一段时间内,反垄断法是基于保护消费者选择权的。其理念是监管保证了市场能提供选择。20世纪80年代事态开始变化,反垄断法变窄了。在新理念下,反垄断法只能用在垄断者提高价格的情况下。反垄断的新定义引发了一波企业合并。根据M. 斯米基耶拉（M. Szmigiera）发布在Statista[*]的数据，1985年，美国发生了2300起企业合并。仅仅过了30年，2017年的数字超过15300起。反垄断法的新定义难以适用在科技巨头身上，因为科技行业的众多大玩家并不向用户就服务收费。脸书和谷歌的使用费都是0美元。卡恩论称，对反垄断法的早期解读能够监管掠夺性定价和纵向一体化[†]，这是亚马逊商业模式的两大关键因素。尽管卡恩还没通过律师资格考试，但她的文章走红了，至少对于一篇难懂的法律作品来说是红了。虽然许多科技批评家也称科技巨头需要受到监管，但卡恩提供了限制其增长的确切框架。

卡恩并不是唯一一个诉诸反垄断法来监管科技巨头的。参与2020年美国总统选举的参议员伊丽莎白·沃伦（Elizabeth Warren）批评脸书这样的公司太庞大。在选举造势期间，她承诺改革科技巨头是其经济政策之一。另一个呼吁反垄断改革的声音来自法学教授吴修铭（Tim Wu）。吴认为垄断是反民主的，他论辩称我们需要反垄断法规来保护小企业和消费者选择权。

---

[*] Statista是一个在线的统计数据门户，提供了来自各主要市场、国家和民意调查的数据，其数据主要来自商业组织和政府机构。

[†] 掠夺性定价，指的是企业带着惩罚竞争对手或通过将竞争对手逼迫出局从而获取更高的长期利润目的，将价格设定在成本之下进行销售的一种定价方式；纵向一体化，指的是企业将业务范围后向扩展到供应源或者前向扩展到服务用户的行为。——编注

新企业如果还有成功的机会，前提是要有公平的竞技场。初创企业在研发新产品、建立新商业计划的时候，需要时间试验和成长。垄断者扭曲了市场力量，限制了新来者的创新。根据经济学家乔纳森·贝克（Jonathan Baker）的观点，我们需要反垄断法保护市场。贝克认为科技巨头创造了"现代世界的奇观"，但他也质疑"他们的某些行为是否也限制了竞争，进而阻碍了消费者、工作者以及整体经济从中更多受益"。我们并不真的需要在政治和经济中作出选择，它们只不过是同一问题的不同面向而已：垄断者制造了不健康的、同质化的市场。

正如我在第一章中所指出的，城市士绅化也与垄断企业有关。在许多社区里，士绅化由一小撮强大的开发商驱动。这些开发商有能力规模化地运营，筹措大量现金，直接与地方决策者沟通，借此囤积资源，阻止规模更小的地方玩家进入市场。且不说创新和包容的科技，如果想要开放和民主的市场，垄断的科技巨头跟这些大开发商一样危险。

我们可能会问，如果人们喜欢脸书，那它的垄断为什么是问题呢？在某些地方，脸书本质上是互联网的垄断性入口，以至于人们意识不到上脸书就等于上网。2012年，一家智库对印尼人的调查发现，许多回答者都兴致盎然地说自己使用脸书，但并不使用互联网。据科技记者索菲·科蒂斯（Sophie Curtis）解释："如果大量第一次用户使用脸书的专属网络上网，而不是开放的网络，那么他们对互联网的整体理解就会扭曲。"与此同时，决策者、企业、社区组织和媒体发布者如果想触达顾客和选民，就不得不使用脸书作为主要沟通平台。如果脸书垄断了一个人的整个上网体验，其控制就不仅仅是技术的，还是社会的、文化的、政治的。

一定非得如此吗？科技巨头有没有其他可行的商业模式？本会同意我的读者，很有可能强烈反对我的下一个论点，因为我要论证，为了阻止士绅化占领互联网，企业不得不改变它们与利润的关系——在某些情况下，可能要少赚一点钱。在资本主义社会，叫企业少赚一点钱的想法令人感到荒诞，就像说龙是交通工具一样。但是科技行业与利润和竞争的关系可以被挑战，也必须被挑战。

科技领域出现过类似案例，一些非常赚钱的公司为了达到一系列价值标准而直接选择少赚一些钱。比如克雷格列表。媒体公司AIM估计克雷格列表2018年的收入是10.34亿美元，比2016年上涨了将近50%。克雷格列表的赚钱方式非常直接——收取少量费用发布特定种类的广告，主要是房地产目录广告和招聘广告。(这是比大多数网络平台都要透明的商业模式，后者的广告模式是隐藏的，用户常常不清楚它们的利润从何而来。) 该公司赚了很多钱，但它本可通过横幅广告或变现用户行为赚更多的钱。但20多年来，克雷格列表拒绝把利润最大化，因为他们在伦理上反对横幅广告，反对把用户行为变现。

创始人克雷格·纽马克（Craig Newmark）用一句短语总结

了该公司的优先事项,"做好事,挣好钱"(Doing well by doing good)。在一篇公司博文里,克雷格列表的首席执行官吉姆·巴克马斯特(Jim Buckmaster)解释了指导公司管理层的"利润极小化"(profit minimalism)方法:"克雷格·纽马克和我,因为把社群放在财政考量之上而被称为共产主义者和社会主义者……金融分析师永远都惊讶于我们从不寻求个人利益的最大化。不是因为我们是圣人,而是因为把服务置于金钱之上让我们感到更满足、更愉快,而且我们总觉得这才是正确之道。"

对于纽马克和巴克马斯特来说,理想的商业模式是一个符合他们的价值观的模式,而不是利益最大化的模式。我不是说克雷格列表是完美的公司,或者其商业模式适合每一家科技公司。但克雷格列表是非常重要的案例,作为一家长久的、非常成功的平台,抵制了科技巨头的商业模式和叙事。克雷格列表的长寿和成功表明,科技公司不牺牲用户数据和隐私而赚到钱是可能的。

克雷格列表能够拒绝横幅广告、不追求利润最大化有一个关键原因——该公司是私有的。克雷格的股东数量从来没有超过3个,目前所有股权都掌握在巴克马斯特和纽马克手中。人们常常认为私企不够透明,此论没错。股东报告书能揭露很多关于公司投资、利润、内部结构的信息。但是它也有代价。一旦涉及股东,公司就有了所谓的受托责任(fiduciary responsibility)——这种责任要求利润最大化,并提高股价。让公司上市是一条无法回头的路,对于终端用户会产生重大影响。

关于科技公司怎样才算"成功",我们需要一个新叙事。关于科技行业的成功,有一种强有力的故事始于20世纪90年代,它变成了今天的主流。在这种故事里,几个人(如前所述,几乎总是男性)产生了一个古怪的产品想法。他们造了败,败了造,直到最终发布了吸引大量信徒的产品,信徒甚至有点邪门。最终,他们把公司上市,个人投资者也能买该公司的股票。这是早期投资者和员工的灰姑娘时刻,他们曾拿到公司股权作为回报的一部分,现在他们能卖掉股票收割成果。杰夫·贝索斯(Jeff Bezos)和亚马逊,特拉维斯·卡拉尼克(Travis Kalanick)和优步、马克·扎克伯格和脸书、埃隆·马斯克(Elon Musk)和特斯拉——他们都遵循了同样的童话剧本,通过首次公开募股(IPO)发大财。

科技巨头的IPO模式就是为了奖励早期投资者和捷足先登的员工。但是IPO也是损失的关键时刻,因为从那一刻起,公司就把股东放在用户前面了。把IPO当作科技企业成功的叙事,这种观念从根本上限制了企业优先服务用户而非考虑财务底线[*]的能力。

我们需要科技公司成功的新叙事,也许甚至需要科技公司的新定义。为什么爱彼迎是科技公司,但希尔顿就是酒店公司

---

[*] 财务底线(financial bottom line),即企业的净收益。——编注

呢？两者都在用度假地点匹配用户需求。为什么优步是科技公司，但安飞士（Avis）就是汽车租赁公司？两者都用网站和移动应用让人们有车可坐。当我们把爱彼迎、亚马逊和优步打上科技公司的标签，就等于给他们发放了免于监管的通行证。优步和来福车（Lyft）坚定地把自己定义为用服务匹配用户的公司，而不是更细分的汽车公司，因为他们想在对待员工方面逃避监管。2020年5月，在我和科技活动家艾利森·马克里纳（Alison Macrina）的一次谈话中，她问道："如果我们开始把科技公司设想成反监管公司，会发生什么？"如果我们改变对科技巨头的标签和期待，不止是实施反垄断法，组织工会、保护环境以及贯彻网络中立性原则（我们将在下一章中谈到）都变得更可行了。

呼吁科技巨头试行不同的商业模式并不激进，甚至也不反资本主义。就好比反士绅化的活动家并不反对社区里的私人商业，只反对士绅化易于出现的牟取暴利的商业。把商业地产卖给出价最高者，开发商也许能够赚最多的钱，但他们优先照顾当地的、有色人种的生意，也能获利。对于科技企业，我们也应该提出类似的要求，号召采取不剥削用户以求利润最大化和建立垄断的商业模式。

科技巨头的成功要有新叙事，会是什么样的？成功的科技企业有一些替代方案，它们可能强调其包容性和可持续性。我们要求好莱坞要有多样性，要求汽车制造商有环保的替代方案。

尽管这些运动还有很长的路要走,但至少需要给科技巨头就多样性和可持续性制造类似的焦虑。如果这听起来太乐观或太天真,不是因为替代叙事站不住脚,而是因为科技巨头说服了我们别无他路。士绅化了的科技业令我们的境况变差了。科技巨头助长了城市士绅化,社区越来越昂贵,失去了原住户。被孤立、被隔离的员工会导致科技巨头的产品出现问题。在科技行业,放弃牺牲普通互联网用户去建立垄断的路子,依然有足够多的钱可赚。

# 第四章　为光纤而战

渐渐地，计算机越来越容易使用，互联网越来越容易接入。过去人们需要特别训练才能使用计算机上的软件。现在连小孩子也能做到。现在不用再通过冗长、吵闹的拨号上网，我们的设备可以立即连接上互联网（以及其他用户），无须人类干预，甚至不用意识到。大多数时候，这是好事。更加符合直觉的设计意味着更多的人可以上网，更容易接触到为自我表达和社群而制作的强大工具。通过旧式的调制解调器和路由器使用复杂的网络工具和平台很痛苦。不过，旧技术的一大优点是，它们迫使我们思考每天使用的设备背后是什么。旧拨号式调制解调器的咔嗒声、嗡嗡声和嘟嘟声明显地展示出，数字链接并非凭空出现——它需要建造和维护。无缝的科技存在的问题是，在深层的操作被隐藏且神秘的情况下，科技公司更容易控制用户。要求改变，首先要理解科技是如何运作、如何被监管的。

组成互联网的物理部分容易被忽视——毕竟让网络链接成为可能的电缆和光纤不会出现在人们的视线里，而是深埋在地下，在海底延伸。云计算、无线链接等术语让科技听起来毫不费力且抽象地在以太中运行。但是如胡东辉（Tung-Hui Hu）和妮科尔·斯塔罗斯耶尔斯基（Nichole Starosielski）等研究者所论，它们一直是数字科技中看得见摸得着的物质。揭开互联网的基础设施帘幕，我们会暴露出它不同的技术层面，比如电缆和电线，信号塔和卫星。除了这些技术特征，数字技术设施还包括管理着网络生活的法律框架和规则。从互联网的最初一批分组交换\*开始，政策讨论就塑造了谁能上网、上网的费用。城市士绅化并不是自发产生的，需要地方决策者与开发商联合对抗原居民；我在本章中类比的互联网士绅化则围绕着主要通信公司和政府监管者之间的合作上。商业化和不平等是士绅化的关键特征，它们也适用于描述互联网入口控制权的转变。

在美国，互联网基础设施由几家被称为互联网服务提供商（ISP）的垄断公司控制。作为维系互联网的光纤和电缆的守护者，ISP决定着用户在网络上拥有的权力大小和选择多寡。你的互联网月费是多少？网速有多快？是不是绑定了手机和有线电视套餐？你是月租合同吗？以及或许最重要的一点，如果你想换一个提供商，能做到吗？这些问题的答案都不由技术本身决定——而由商业利益和ISP的监管决定。在人们打开浏览器或者

---

\* 分组交换（packet switching，也译作"包交换"）是一种通信范例，它将用户通信的数据划分成多个更小的数据段（分组），在每个分组的前面加上必要的控制信息（相当于一封邮件的地址）发出，交换机收到分组之后，根据地址信息将分组转发到目的地，最后再在目的地把分组拼接成完整的数据。——编注

登陆一个应用之前，连接互联网的能力由ISP塑造和控制，这也是为什么我们必须要关照这些公司的历史和政治。

2016年，联合国宣布连接互联网是一项基本人权，跟食物、水和移动自由一样。所以你可能认为政府应该认真对待保证人们上网的任务。但是控制互联网接入费用和速度的美国公司几乎完全逃脱了政府的监管，这意味着他们的优先事项是追逐利润而不是让人们接触到对日常工作和社会生活越来越重要的科技。情况并不是一直如此。早期，美国互联网由国家科学基金会这样的政府机构\*牢牢控制。联邦监管时期之后，涌现了一批ISP初创公司，这些公司常常杂乱、无纪律且非常本地化。早期ISP这种混乱的百花齐放之后，便是权力的集中，这个过程由商业利益而不是消费者需求驱动。没有了实质性监管之后，ISP可以自由追逐利润，无视消费者的需求。缺乏竞争的ISP市场对每个人来说都不是好事，对穷人和地理隔绝的人来说更是额外的负担。

本章将深入ISP的历史，我将提出他们已经士绅化了，小型的社区型ISP被全国性联合企业挤出市场。结果就是ISP越来越同质化、越来越商业化。普通互联网用户的情况因此变糟了：选择更少、自由更少。记住互联网历史中ISP曾经更地方化、更专注于社区的这段时间，能帮助我们抗击现有的士绅化体系。

---
\* 国家科学基金会（National Science Foundation）是一个美国政府独立机构，即一个存在于联邦行政部门之外的机构。

## 数字基础设施中的关键术语：互联网、网络和网络中立性

本章将讨论互联网运行的基本细节，所以我想说明我怎么使用基础设施这个术语，同时也厘清互联网和网络之间的区别。大多数人听到基础设施这个词时都会想到道路、电缆和水管。它们是我们在现代世界赖以生存的物理架构。但我们依赖这些技术也意味着我们常常会忘掉它们的存在，就像背景音乐或壁纸一样。媒介理论家杰弗里·鲍克（Geoffrey Bowker）和苏珊·利·斯塔尔（Susan Leigh Star）认为基础设施在坏掉之前通常是隐形的，坏掉后我们不得不注意。每个经历过停电、通勤时碰到翻开的路，或者遇上电梯失灵的人，对基础设施的突然显现都了如指掌。

因为我们在日常生活中依赖基础设施，其价值不只涉及技术，还关乎社会。当某项技术融入我们的日常生活，就变得太重要，开始让人感觉是基础设施。工作、上学、约会、办银行业务——对很多人来说，这些活动都与互联网密不可分，以至于难以想象没有数字技术该怎么办。此时，互联网变成了社交基础设施。正如科技记者默·洛特曼（Mo Lotman）观察到的，"基础设施，不论是社交的还是物理的，都是围绕我们的发明创

造而建立，因而会促进我们使用这些发明创造，这在很多情况下增加了我们对这些发明创造的依赖性"，结果就是"我们使自己适应了依赖［数字技术］"。对ISP来说，不让自己的基础设施暴露在用户的集体想象中是有利可图的——如果无法看到我们依赖的科技，那就难以要求其作出改变。因为互联网已经成为社交基础设施的一部分，我们不得不考虑其物理基础设施的政治。

人们常常把"互联网"（Internet）和"网络"（Web）混用，但事实上它们指涉的是不同技术。互联网是交流网络，允许设备相互对话。网络是接触和分享内容的平台。互联网比网络要早出现大概20年（互联网于1969年发明，而网络则是1990年）。在网络出现以前，人们也可以通过计算机交流和分享信息，交换数据和文本。万维网（World Wide Web）带来的是网络内容的公共脸面和接入点。我们可以把互联网想象成一系列相互分享资源的图书馆，而网络更像是摆满了书和媒体的书架，供人阅读和借阅。一个关键的不同点是，网络顾客不是被动地接受图书馆在书架上放的东西，而是可以在任何时候只需花费相对较少的精力就能给图书馆增添自己的内容。在第二章，我主要在说网络。这一章则把重点放在互联网，即便很多人体验的互联网就是一系列网络页面和应用。深入说网络和互联网的区别，原因之一是它们被管理的方式不同。网络的政策或多或少由拥有平台的企业制定。互联网的政策则由一群制定标准的国际科技组织决定。没有这些标准，互联网可能更像一盘散沙，国家间将相互断连。（你不妨这么想，各个国家有自己的电源插口标准，所以你必须要用转换器才能把韩国的笔记本电脑电源插头插进加拿大的电源插口里。）在全国层面，联邦机构制定监督ISP以及互联网的政策。正如我们将看到的，这些政策在培养创新和保护公司利润之间不停摇摆。

## 从DIY到垄断：ISP的转变

谁控制互联网接入始终是一个政治问题。在不同时代，互联网分别由军方、政府机构、大学和科技巨头控制。互联网应该做什么，应该为谁服务，每个利益相关者都有不同的愿景和优先事项。从21世纪头十年的中叶开始，互联网基础设施在主要通信和媒体公司的控制之下。康卡斯特（Comcast）、时代华纳有线（Time Warner Cable）以及像威瑞森（Verizon）、AT&T等手机运营商在美国大部分地区是垄断经营。但是一度ISP是小型、多样的公司，而非知名大公司。随着联邦监管的减少，ISP变得更同质化，控制更严密。大玩家越变越大，小玩家倒闭关门。这是怎么发生的，又为什么发生？ISP的商业化对普通互联网用户来说意味着什么？追溯这段历史有助于我们看到互联网接入本可以有所不同的爆发点。（我对这段历史的重述会比较简短；想了解更多关于ISP及互联网历史的详细叙述，请参阅詹妮特·阿巴特［Janet Abbate］、凯文·德里斯科尔［Kevin Driscoll］、维克多·皮卡德［Victor Pickard］、大卫·伯曼［David Berman］和梅根·萨普纳·安克森［Megan Sapnar Ankerson］的作品，参考文献里均已列出。）

让我们回到互联网初期的20世纪70年代。对于人皆为己派和怀疑论者来说，互联网的军事背景是技术天生暴力且充满控制欲的证明。确实，没有美国军方的重大投入，互联网不会在彼时如是诞生。尽管军方投资很关键，但互联网并不像曼哈顿计划或者原子弹那样是高度机密、严格控制的任务。从一开始，互联网就有政府、大学、行业公开的协作。沙恩·格林斯坦（Shane Greenstein）在书写互联网历史时解释，"军方并不是在隔绝的研究实验室里［对互联网］采取行动的。相反，军方资助了一些发明，政府的其他部门也资助了，私企也资助了"。在20世纪70年代，互联网只是有一小撮由军方、政府机构、大学运营的集线器。每个集线器都是一个分布式（按照今天的标准是非常小的）网络中的一个节点，同时有好几种网络在运行。因为协议还在研究中，不同的网络无法相互通话。即使是能通话，交流也是受限的，只有一小部分数据能传输。彼时计算机非常昂贵，难以移动，所以互联网的早期目标之一是分享计算能力。比如，加州大学洛杉矶分校的研究者可以用互联网与斯坦福大学的计算机沟通，连接他们的终端来减少处理时间。电子邮件也是早期的重点，以及电子邮件列表（又称listserv）。彼时还没有网络——没有浏览器、没有搜索引擎，只有计算机相互连通，交换信息和数据。

在20世纪七八十年代，互联网的进步稳固但缓慢。新的功能产自大学和行业。与此同时，计算机科学仍然是新兴学科，但从一开始它就是一门交叉和协作的学科。比如跟哲学不一样，计算机科学频繁跟商业组织和行业团体协作。20世纪70年代，计算机科学家们在工作中常常穿梭在行业实验室和大学之间，许多人与国防部或国防高级研究计划局[*]合作，或从他们获得资金，现在依然如此。这些合作意味着互联网的利益相关方越来越多。互联网的存在时间越长，就有越多的人意识到它的潜力：互联网不只是可以交流信息的电报，而是允许人们分享和连接的网络。

随着越来越多学校和研究中心连接到互联网，人们对某种自上而下的组织的需求也变得越来越清楚。作为一个半学术的政府机构，国家科学基金会是合理选择。国家科学基金会的主要工作就是管理理工科研究的拨款，所以它已经知道谁在研发前沿科技，知道管理复杂研究团队的流程。20世纪90年代的大部分时间里，国家科学基金会都负责监管ISP。起初，商业性

---

[*] 国防高级研究计划局（Defense Advanced Research Projects Agency）是美国国防部负责研发军用高科技的行政机构，总部位于弗吉尼亚州阿灵顿县。

ISP不被允许，网络接入只限于政府机构和大学。当互联网的基本操作稳定下来，商业机会越来越明显之后，事态就变化了。尽管依然有禁令，但是商业性ISP已经开始冒出，虽然他们的身份饱受争议。1989年，一个叫"世界"的ISP在马萨诸塞州布鲁克兰接入了第一名顾客。尽管有些人对商业性ISP扩大互联网接入感到兴奋，许多互联网集线器屏蔽或者试图关闭"世界"，直到国家科学基金会最终让步，批准"在试验的基础上"提供公共互联网接入服务。1991年，一个重大转折点到来，国家科学基金会解除了对商业性ISP的禁令。"世界"很快迎来一批竞争者。拨号式ISP的准入门槛很低，一窝蜂的公司涌入，把互联网接入服务带给普通用户。这些公司大多数提供拨号上网，使用公共电话线路为用户连接网路。

得益于ISP的蜂起，美国的互联网用户井喷。1996年，美国商业性ISP网络达3000家，通过1.2万个电话号码连接互联网。两年后，有6000家ISP通过6.5万个电话号码提供互联网接入。此时，每个美国主要城市都有ISP为消费者提供服务。一些较大的公司开始扩张，建立全国性网络。统一资源定位符\*的暴涨为20世纪90年代互联网的飞速增长提供了另一个窗口。1995年9月，有超过12万个注册域名。仅仅3年后，注册域名数量就

---

\* 统一资源定位符（Uniform Resource Locator），俗称网页地址，简称网址，是互联网上标准的资源的地址，如同在网络上的门牌。

超过了200万个。也就是说，仅仅3年涨了1667%。据沙恩·格林斯坦解释，"这些变化背后，没有什么戏剧性科技发明。只是一条稳定的新价值链出现了"。根据格林斯坦，互联网接入的扩张受三大原因驱动：价格、基础设施和ISP的多样性。拆开来说，20世纪90年代，ISP发现以一口价提供无限制的互联网服务，要比按小时（或分钟）计算更赚钱。这一模式要求ISP增强其能力以满足日益增长的数据需求。同时，建造提供互联网接入的基础设施变得更容易、更便宜了。最后，ISP开始差异化。从20世纪90年代开始，ISP可以分成三个主要种类：骨干型提供商、全国性接入提供商和地方性接入提供商。第一种包括私有的全国性企业（比如MCI、Sprint、UUNET和BBN），他们主要负责建设光纤和电缆等支柱型设施。后两种ISP的规模是全国性或地方性的，从大规模的区域性企业到只服务少量拨号上网客户的地方ISP都有。

1998年标志着国家科学基金会直管互联网基础设施的结束，该权力转移至商业团体。2000年3月，ISP的数量达到顶峰，超过了7000家。这是消费者拥有众多选择的时代。1998年，超过92%的美国人可以选择的ISP有7家及以上。只有少于5%的人无法接入ISP。即使那时候存在很多ISP，市场份额依然在向少数主要提供商聚拢。根据格林斯坦的说法，"二三十家最大的公司占了市场份额的75%，两三百家占了90%"。大部分ISP都是只覆盖小面积区域的小型拨号上网公司，但大多数用户还是依赖全国性提供商。ISP体量小，并不意味着他们想维持现状。许多ISP梦想扩张成大玩家，而有的则把自己定位成社区服务的形式。不论目标是什么，他们都为消费者创造了众多选择。

在接下来的30年里，ISP整合并同质化了。尽管20世纪90年代为消费者提供了大量选择，但到了21世纪第二个10年，ISP市场已经成了商业化了的荒原。为什么小公司消失？主要提供商如何变得这么强大？在20世纪90年代，小型初创公司、BBS运营人和科技爱好者很容易就能建立ISP，但很难扩大服务。与此同时，电视公司和电话运营商已经掌握了连接自己和消费者的基础设施。他们能提供速度更快的互联网链接。有基础设施在手，加上政府的放任不管，这些公司常常就成为主要的提供商。

ISP在某种程度上士绅化了，过去它们中的大多数是多样化的，以本地为导向，承接社区或社群的需求。但渐渐地，新的接入模式站稳脚跟，代替了地方导向的小型ISP。大型提供商越来越大，小型提供商倒闭关门。大规模的全国性提供商替代小规模的初创企业，让居住在士绅化中社区的人产生一种似曾相识之感。金钱和投资不会流向地方性企业，而是流向新来者，而后者常常在满足原居民需求方面做得更糟。监管机构本可以介入保护本地ISP，但他们却坐视不管，看着消费者选择日益减少，一小撮企业的权力越来越大。结果就是，少数玩家掌握了互联网基础设施惊人的控制权，而政府对此干预极少，消费者权益遭受损失。

ISP的士绅化为什么重要？根据联邦通信委员会（FCC），94%的美国人接入了1家ISP，所以只要人们能连上网，就算只有1家提供商，又有谁关心呢？能上网是一回事，但能便宜地上网，自由地选择尊重隐私的ISP，是另一回事。这是士绅化的互联网基础设施带来的后果：ISP利用竞争不足向消费者哄抬价格，也推动了政府的监控，制造了互联网接入的深度不平等。让我们挨个看看ISP士绅化的后果。

商业化的ISP最显见的结果是缺乏竞争。根据联邦通信委员会2015年的一份报告，美国只有24%的发达区域有2家及以上ISP提供高速互联网链接。剩下76%都只有1家提供商，这导致费用上升，创新受阻。随着一个ISP巨头集团的出现，网络链接商业化到达了顶峰，只要社区里的有钱人继续和这个巨头签订合同，它完全不介意抛下一部分人。这种商业化模式在士绅化中的社区司空见惯，新商业把目标瞄准为有最多钱的买家，把旧商业挤出市场，排除了边缘人群。

ISP缺乏竞争也对我们的个人隐私产生了骇人的影响。2017年，美国参议院遵守共和党路线，投票把奥巴马时代的隐私保护措施推翻了。结果造成了ISP现在可以收集消费者浏览习惯的数据。正如我们在第二章中所见，数据掮客是科技公司和广告主之间的中间人，他们想要用户信息，是为了通过定向广告赚钱。没有了互联网接入的竞争，消费者被迫跟不保护个人隐私的公司交易。天币（Skycoin）基金会在一篇文章中解释了这种情形：

> 想象一下邮局能够在未经同意的情况下查看你寄出的每一封信。没有使用VPN等隐私保护工具的用户都会暴露自己的网站浏览历史，所有未保护的流量都被收割并被ISP倒卖了……美国公民不只是在向ISP缴纳高企的费用，也是在花钱让自己的浏览习惯被收割，发送给美国中央监控机构，被ISP挖掘然后用于营销。

21世纪第二个10年，问题不只是有些ISP变强有些ISP消亡，而是成功的ISP的商业模式变得实验性更弱、剥削性更强。

ISP从用户身上拿走的是什么类型的数据？数字民主中心（Center for Digital Democracy）的一份报告发现，康卡斯特、考克斯（Cox）、时代华纳有线、威瑞森等主要ISP会收集消费者的收入、教育水平和购买行为等信息。广告主为了（例如）向欠债的消费者兜售高利率的信用卡和贷款而购买这些信息。报告还发现威瑞森向广告主提供面向低收入社群的"定向套餐"。这些套餐向穷人推送赌博、香烟和汽水的广告，这是隐私伤害向边缘群体倾斜的一种关键方式。"我们的数据身体"计划背后的数字隐私活动家，如塔米卡·刘易斯、西塔·培尼亚·甘加达兰、马里耶拉·萨巴、塔瓦纳·佩蒂解释说，数据掮客对我们所有人都会产生严重的隐私后果，但是"对被边缘化的、脆弱的公民来说，数据掮客买卖我们的信息也跟另一些问题有关：政府和企业两者相似的掠夺性瞄准、种族定性\*和歧视"。

ISP垄断伤害消费者的第三种方式与地理和孤立有关。我们常把互联网看作克服空间距离的技术。互联网确实可以瞬间连接全球的人们，但在说到数字基础设施时地理依然重要，因为住在哪里与他们有多少提供商可供选择存在莫大关系。住在都市区域和富裕社区的人常常比贫困和农村地区的人有更多的ISP可供选择。关于触达所有人会遇到的困难，ISP有一个专门的名词：最后一英里问题（the last mile problem）。不同的有线电视公司投资了数十亿美元建设遍布全国的铜线和光纤。[†]电缆连接着每家每户的交换节点。集线器和家用或商业接入点之间的距离被称作最后一英里。通过控制最后一英里，ISP对于哪些企业、家庭和社区能接入互联网、哪些被忽略具有最终决定权。

高企的费用、过度的商业化和日趋严峻的不平等——ISP垄断的害处跟士绅化中的社区有关键相似之处。从这个视角来说，ISP里的巨头已经成为互联网基础设施的沃尔玛。他们的主要吸引力在于能够提供迎合大众口味的东西。他们提供了必需品，但取代了地方商店。社会学家和经济学家已经发现，当沃尔玛

---

\* 种族定性（racial profiling）指的是政府仅凭种族身份就锁定犯罪嫌疑人或团伙的做法。

† 有线电视公司除了提供电视节目，还有网络链接、电话服务等。

开设新店，对低收入社区几乎没有好处。用不了多久，沃尔玛就会让地方商店倒闭，尽管它提供的是更少的选择和更高的花费（更不用说他们常常是没有同情心的雇主）。这跟我们看到的整合后的ISP市场一样：地方商业失所，更高的费用，更糟糕的服务。

我们如何解决ISP垄断问题呢？和城市士绅化一样，解决士绅化基础设施的一个关键元素是监管。政策可以限制费用上限，颁布消费者权利法案，明确责任归属。监管ISP并保证公平竞争，需要做什么呢？引入网络中立性。网络中立性已经成为互联网活动家的主要聚焦点了，他们担心网络如果缺乏监管会失去开放性，越来越商业化。在最基本的层面，网络中立性跟保证互联网同等接入权有关。此观念认为，ISP应该对通过其电缆和信号塔的内容一视同仁。网络中立性的术语由法学教授吴修铭提出，ISP对普通互联网用户的权力令他担忧。网络中立性是迫使ISP对所有顾客一视同仁，不论他们访问的是什么网站和平台，从而保证ISP不会根据消费者使用的服务而收取附加费。正如克林特·芬利（Klint Finley）在《连线》杂志中解释，"那意味着［ISP］不应该把一些数据塞进'快车道'，同时拦截或歧视其他材料"。对网络内容分快慢车道不止是不方便，而且是有害的。它危及的是公共讨论和开放的互联网。在写到网络中立性和媒体政策时，维克多·皮卡德（Victor Pickard）和大卫·伯曼（David Berman）称"允许ISP将互联网分成快车道和慢车道，将不可避免地放大有权力有资源者的声音、想法和世界观,同时边缘化没权力没资源的人"。

没有网络中立性的法律,就无法阻止提供商向使用某种服务(如Zoom)的人收取更多的费用,或者降低Netflix或Hulu的速度。这是消费者一侧的网络中立性。在媒体公司这一侧,宽带提供商可以通过让对方花更多的钱换取优先照顾,来给内容平台开后门。渐渐地,公司和组织如果付不起换取优先照顾的钱,或者压根没有收到ISP的相关协议,就会实质上遭到主流网络抛弃。

网络中立性和城市士绅化有一些共同主题和驱动力:对不平等、失所和孤立的担忧。如果没有监管,ISP就可以使平台和用户失所或孤立。它们也有一个共同的解决方案:政府监管。小布什政府和奥巴马政府都通过联邦通信委员会促进网络中立性。宽带提供商在21世纪的头十年打赢了一些诉讼,最终2015年联邦通信委员会通过了对网络中立性的扩大化保护。但是2016年特朗普当选总统后事态又起了变化。2017年12月,共和党控制的联邦通信委员会投票否决了奥巴马时代的立法,允许宽带提供商拦截或阻挡他们认为合适的内容。总体上,科技巨头担心监管,但是网络中立性为主要行业玩家设置了一场斗争。一方面,威瑞森和康卡斯特推动了反监管的议程。另一方面,谷歌、Netflix、微软及其他很多公司站出来支持网络中立性,担心自己会被索要更多的钱,或者自己的内容被降速。如果ISP不是这样的垄断公司，网络中立性也不会那么令人担忧。如果有真正的竞争，ISP会争夺消费者，从而降低费用，激发创新。而当下的状况是，消费者不得不为选择而战。网络中立性活动家正致力于提高责任归属和消费者权益伸张。他们同样也在努力保持互联网基础设施的公平竞技场。尽管联邦通信委员会对ISP的监管摇摆不定，但活动家正在重新设想网络接入和数字链接可能的景象。

**网状网络的激进民主**

我们如何让互联网基础设施多样化和去商业化？ISP的替代方案是什么？为了夺回对连接方式的控制权，全世界的活动家都把目光投向网状网络（mesh networking）。传统上来说，ISP通过把某幢房子或某栋公寓接入一个网络，为家庭提供连上互联网的接入点。网状网络的工作机制则不同。网状网络并不是接入由ISP控制的单一入口点来连接网络，而是依赖于分布着数十个乃至数百个无线网状节点的共享链接。网状网络中的每个节点都能与其他节点"对话"，共同支撑着一个网络链接。这两种模式技术上的一个不同之处在于，网状网络是真正无线的。传统的无线接入是笔记本电脑和手机不用物理连接某个网络，但路由器必须得物理地连接某个集线器，通常意味着以太网电缆需要埋在屋顶或墙壁中。在无线的网状网络中，只有一个节点必须与网络链接连上，然后连接了的节点把互联网链接分享给附近的节点。节点越多，链接扩散得越远，建立的连通网络的规模可以小到小型办公室里，大到拥有数百万人口的城市。

从权力动力学的角度来说，网状网络和传统ISP之间的关键区别归根到底是所有权问题。ISP租用或控制挨家挨户的互联网电缆。网状网络不用增加光纤或电缆就就能分配互联网接入。网状网络背后的技术是相当直接的，给了活动家和社群团体许多控制自己行动的主动权。用户低成本甚至不花钱就能上网，还有额外好处，比如提高了对抗企业监控的安全性。网状网络可以实践早期互联网的民主化构想，至少是把网络接入工具赋予了个人。与此同时，网状网络并没有天生的解放性。主流的ISP也能提供网状技术，提高住户或办公场所的网络覆盖。取决于建造者是谁，网状网络本身既能扩大也能削弱ISP的权力。

网状网络提供了更多的安全性和对网络的本地控制。但它也有缺点。主要问题是要满足用户日益增长的数据需求。今天的网状网络可能很适合过去的互联网用户。但在当下，许多人有多个设备，一直在串流内容，*网状网络难以提供足够的带宽。网状网络在某些情境下工作得更好。对互联节点的需求意味着网状网络在高密度的人口中更具可行性。网状网络也被指责是

---

\* 即使用流媒体，比如在线播放音乐、视频。——编注

加剧而非消弭了不平等现象。尽管网状网络有一群忠实的DIY爱好者，但依然存在技术知识上的门槛，这会导致跟种族、阶级和性别有关的不平等。要建立稳定的网状网络，也需要一定的特权和稳定性。有房子的人比租房子的人更有可能参与其中，而且房子越高越好。最后，没有东西能够保证网状网络会让互联网变得更公平而不是更危险。与被商业性ISP忽视的社群一样，犯罪组织和网络恐怖分子也能从网状网络中获益。

网状网络的局限很重要。但是这并不妨碍我们思考网状网络何时和如何成为ISP士绅化的解决方案之一。至少，网状网络提高了人们对互联网基础设施的意识。最乐观的是，网状网络可以颠覆一个强大的ISP带来的垄断，当后者限制了网络接入时。

全世界的许多活动团体在用网状网络增加安全性，以及抗议ISP的控制。比如纽约布鲁克林的红钩无线网络（Red Hook WiFi）是"社群主导的、为弥合数字鸿沟而作出的努力"。红钩位于布鲁克林的西南部，一条高速公路将其与街区的其他部分隔开，这里的公共交通服务很差。同样差的还有其ISP，部分是因为地理位置，部分是因为许多居民是低收入人群。"红钩计划"认为网状网络可以提供互联网接入，于2012年在社区安装了网状网络的无线节点。当年晚些时候，飓风"桑迪"侵袭纽约，红钩社区受灾尤其严重。在整座城市很大一部分地区停电并被淹没的情况下，红钩网状网络让本地居民能够相互交流各自的状况和需求。作为该计划对社区价值的一种体现，红钩计划受邀为纽约市长比尔·德布拉西奥（Bill de Blasio）出谋划策，把Wi-Fi带到全市的公共住房里。

在加州的奥克兰，人民公开（People's Open）提供了西海岸版的由社群所有、由社群运营的无线网络。人民公开与当地社区协作建立并运营了无线网状网络。它也"提供了开源的软件，现成的硬件和教育资料，举办研讨会、训练操作员和安装节点"。该网络在旧金山湾区部署了超过40个节点，人民公开目前正致力于建设受捐赠的千兆比特带宽的接入，连接到伯克利的一家流浪者营地。

某些士绅化最严重的城市同时也是网状网络的热点地区，这不是巧合。布鲁克林和奥克兰同时是士绅化的中心区域。很长一段时间，红钩都是被士绅化占领的布鲁克林的漏网之鱼，因为此地远离地铁。它同样也是许多公共住房的所在地（红钩1.2万居民中超过一半是纽约市住房局的租户），因而吓跑了一些开发商和士绅。但是随着房地产开发商蚕食了越来越多的布鲁克林区域，士绅化也慢慢占领红钩。2006年，本地一家连锁杂货店开张，掀起了一波开发热潮。一家私立学校出现（学费是3.02万美元/年），废弃的仓库变成了高档的公寓。类似的变化也发生在奥克兰。1990年至2000年间，只有不超过3%的奥克兰社区被士绅化。2000年至2013年之间，这一数字攀升到30%。网状网络是对最后一英里问题和地方性ISP失所的回应，也是对士绅化的回应。在商业和住房都向有特权者倾斜的社区，开发满足当地需求的资源成为一种行动主义\*。网状网络提供了一种不同的商业化模式，积极响应了本地社区的需求。

从技术的角度来说，网状网络是网络连接性的剧烈转变。网状网络模式建立在集体参与而不是企业兼并之上。网状网络不依靠少数ISP来连接网络，而是依靠人们的协作，把自己家、办公室或者屋顶变成网络节点。从活动家的角度来说，只要能够扰乱ISP垄断都是好事。网状网络简单地通过提供另一种上网路径，就能帮助解决互联网高度商业化的问题。但是网状网络还通过另一种方式帮助解决技术不平等：它能够迫使我们更加具象地思考基础设施。学习什么是网状网络，如何安装它，意味着开始熟悉互联网的基础设施及其政治。网状网络本质上也是集体性的，是互联网民主化潜力的绝佳例子。

## 谁的电缆？我们的电缆！黑暗光纤的行动主义迹象

夺回互联网基础设施控制权，还有一种激进的可能性。活动家们不用建立自己的网络，而是接管已经埋好但是从未启用

---

\* 行动主义（activism），通常是指为达到某种政治或社会目的而采取各种手段的行动。在本书中，行动主义和前文多次说到的活动家（activist）是意涵接近的词汇，活动家也可理解成行动主义者。

的光纤。媒介理论家杰曼·黑尔古阿（Germaine Haleguoa）调查过这些黑暗光纤组成的网络，或者说是"埋藏在马路和人行道下面但依然未启用的光纤电缆。因为没有光通过这些电缆，没有数据从中传输，所以这些电缆是'关闭'或未活跃的"。这些过量的光纤是怎么来的，为什么没有被启用？20世纪90年代后期，有线公司过度投资了数字基础设施。受到严重的网络炒作驱动，企业埋下了很长的电缆，建造了新的长距离骨干网络。科技泡沫破裂，一波破产和清算接踵而至。但是光纤还在那里，常常被人买卖，却从未启用。在某些情况下，不同的公司还故意关闭光纤，限制消费者的选择。但是黑暗光纤网络依然能用，多数依然可售卖。在很多城市，黑暗光纤依然有能力为数以千计的家庭提供网络链接。ISP可以点亮黑暗光纤，将它们扩展到家用、商用和公用的领域。但是，无数英里长的黑暗光纤仍然无人问津，没有被投入到ISP市场来增加竞争、满足服务不完备的社区。

有些美国城市（比如弗吉尼亚州的罗阿诺克、亚拉巴马州的亨茨维尔、科罗拉多州的森特尼尔）已经开始试验黑暗光纤的"公开接入"，促进ISP的本地投资和竞争。但活动家在重新夺回这种基础设施后，要再利用它们，还有一种更激进的方式。从美洲原住民占领阿尔卡特拉斯岛，到欧洲各地的占屋运动[*]，

---

[*] 占屋是指人们（尤指年轻人）由于买不起房开始占用长期无主空屋、建筑物、废弃空地，或是旧军事营地当作自己的住处。

行动主义历史上有诸多改造废弃的、未使用的基础设施的例子。互联网活动家能找到一种方式，夺取黑暗光纤的本地控制权吗？

黑暗光纤行动可以追随公共电视和社区电台的脚步。20世纪70年代，数百个公共电视制作设施在美国建立。联邦通信委员会要求主流的市场化有线电视系统提供三个频道，分别用于公共、教育和地方政府。1976年，该规定扩大到全部的有线电视系统。在超过3500名订户的社区，有线电视公司被要求留出频道服务于公共电视台。1984年，国会通过《有线通信政策法》（Cable Act），实质上不再要求有线服务提供商保护公共频道。（联邦政府没有做到保护消费者选择权，而是与媒体公司为伍，在了解联邦通信委员会和网络中立性之后我们对此应该不陌生了。）但是在纽约、波士顿、芝加哥、费城这样的城市，以及一些更小的市场如加州的三谷地区和弗吉尼亚的费尔法克斯，公共电视依然保留了下来。

公共电视追随了公共电台的脚步。自从20世纪30年代开始，国会和联邦通信委员会政策就规定必须拨出无线电频段供非商业使用。1938年联邦通信委员会首次开始为非商业、教育用广播预留无线电频段。联邦通信委员会现在仍保留调频电台最低的20个频道供教育使用。在关于社区电台行动主义的书中，克里斯蒂娜·邓巴-赫斯特（Christina Dunbar-Hester）描绘了活动家对作为地方媒体的广播的投入。邓巴-赫斯特记录了要克服科技接入中存在的种族和性别歧视需要面临的挑战，但是最终她发现地方电台能够成为社会正义和社区团结的强大工具。黑暗光纤活动家也可以作出类似主张，要求联邦通信委员会预留一部分黑暗光纤，提供非商业化和教育用途的互联网接入。这是比当下在罗阿诺克、森特尼尔等城市进行的试验更激进的展望，后者的理念是提高ISP的数量，挑战商业化互联网的主流模式。

社区土地信托是本地所有权的另一种模式，或可对黑暗光纤的再利用有所裨益。社区土地信托购买地方地产，并使其"处于信托之中"。它们可以低于市场价卖给买不起市价房子的社区成员。社区土地信托把土地所有权和决定权留给了社区，让周边房价处在可负担范围。比如，费城社区公平土地信托（Philadelphia's Community Justice Land Trust）起源于1986年该市第一个也是唯一一个女性主导的社区发展组织——女性社区复兴计划（Women's Community Revitalization Project）。从那时起，该组织发展并建造了将近300套公寓住房。社区所有的土地信托具备的行动主义力量体现在，对社区住宅和资源的控制权来自社区内部。作为非营利机构和以社区为基础的组织，社区土地信托受地方房地产市场变动的影响小。针对黑暗光纤的所有权，活动团体可以采取类似模式。通过整合资源，缺少主要ISP服务的地方社区，可以接管黑暗光纤，提高竞争，同时试验非营利和营利的模式。这要求活动团体和地方行业积极地看管财物，但不需要新建什么东西，只是控制无人使用的资源，将其交给数字基础设施的士绅化中被丢下的人。

我呼吁的，不是用资本主义手段解决资本主义问题，而是未使用（但可用！）的基础设施的再分配。我不是说必须要在网状网络和黑暗光纤中二选一，也不是说这些方法对每座城市的每个互联网用户都适用。取决于所住地区，这些方法中有一种或许比其他更好用。在许多情况下，它们可以合在一起，为网络需求不同的人提供更多样化的选择。这两种方式最具说服力的地方在于，它们抵抗了互联网基础设施的士绅化。

面对不断变化中的基础设施的现实情况，很容易感到挫败。个人无法建设高速光纤网络，而其中的公司又庞大、富有和强势。我明白这种怀疑态度，但是这里有重要的活动家榜样，他们要求——并得到了——基础设施的重大变革。在20世纪60年代之前，身障人士难以参与日常生活，不为人知。建筑物不通轮椅，聋哑人无法接触主流媒介，患智力障碍或非典型神经学失调\*的人在教室或办公室没有不受歧视的保护。政客对于这些人主张的无障碍措施充满怀疑——基础设施的造价太高，负担不起。但是为残障权益奔走的活动家予以反击，占领了旧金山的建筑物，在华盛顿及哥伦比亚特区举行示威。经过一系列直

---

\* 非典型神经学失调（neuroatypical disorders），泛指神经学特异表现，如自闭症、阅读障碍。

接行动和结盟的造势,他们在联邦层面赢得了重大胜利。活动家策略的关键一部分是建立广泛的联盟。他们召集了身患学习障碍和退行性疾病\*的人,视听障碍者,使用轮椅、拐杖和助行架的人,以及众多其他身障人士。经过数十年孜孜不倦的努力,为残障权益奔走的活动家引导了建筑如何建造、人行道如何塑造以及政府信息如何播报的变革。这些变革并非一日之功,人们的思维也不会凭空改变。形势变化是坚信基础设施应该政治化的活动家们努力奋斗,多次被捕,冒着严重的个人风险争取来的。

我们现下拥有的ISP,并非无可避免,也不是不可动摇的。它们可以被挑战,被迫改变。尽管联邦监管是夺回互联网基础设施控制权的重要工具,但我们也应该在地方层面要求改变。城市和社区可以拥抱本地网状网络团体的合作,探索黑暗光纤选项。和所有企业一样,当消费者认为别无他选的时候,ISP就赢了。而这意味着,对ISP的最大威胁,以及抵抗士绅化中的基础设施的最佳方式,是建立和收回数字链接的替代路径。

---

\* 退行性疾病(degenerative disease)是一种受害组织或器官功能结构逐步恶化的疾病。

# 第五章 抵 抗

如果我的工作做到了位,此时你应该已经清晰地知道士绅化是什么意思,它如何描绘了主流互联网。你可能也感到失望——或者说疲倦。剑桥分析数据丑闻、选举干涉的全球性担忧、科技行业无尽的搞砸案例等争议,这些因素驱动之下,科技怀疑论正在流行。我说的科技怀疑论是指认为新科技更可能被操控、更容易剥夺权力,而不是更民主更平等的观念。从很多方面看来,科技怀疑论是对科技巨头保护隐私的失败和不间断丑闻的合理反应。甚至还有一本杂志就叫《科技怀疑论者》(*Techno Skeptic*),而毫不意外的是,其主编默·洛特曼(Mo Lotman)不认同科技是赋权的可靠路径,他问道,如果科技为我们赋权,"那为什么它们又是无可避免、无法阻挡的呢?……要么科技本质上是赋权的,也就是我们在选择适应什么上面的权力得到扩张……要么(至少)某些科技是剥夺权力的,控制性强的"。

一点点怀疑论对我们思考科技有所助益。对于民主与平等的数字路径,已经有过太多的承诺,但大多数未实现。亚历克西斯·马德里加尔（Alexis Madrigal）在《大西洋月刊》（*Atlantic*）的一篇文章中哀叹："人们被赶进少数拥有巨大权力的平台，被喂给庞大的监控机器，被采掘注意力，被算法引导，在整个过程中，对更大范围的严重社会不平等也'贡献'了一份力。"科技巨头的一连串失败，加上公司和政府层面不断升级的监控，我们很难不相信人皆为己。我们目睹了一个熟悉的循环：争议引发愤怒，相关企业表达悔意，宣布微小的政策调整，然后我们又重新开始使用社交媒体或被它们使用。但是怀疑论不会帮助我们建立更好的互联网。为了响应"我们的数据身体"计划背后的活动家，如塔米卡·刘易斯、西塔·培尼亚·甘加达兰、马里耶拉·萨巴、塔瓦纳·佩蒂，目标应该是"保证让我们的社群成员拥有权力感而非疑惧感"。需要的是用户更多的权利，更多的方式把怀疑和疑惧感变成权力感。

科技巨头拥有的最大武器是一种广泛的理念：自己大而不倒，成功到无法被挑战。科技行业拥有很多资源和权力，其产品触及了我们生活的各个方面。但科技公司更需要我们，而不是我们更需要它们。它们的商业模式依赖注意力、内容和数据。如果我们想要更平等、更美好的互联网，我们就必须要求平台和我们自身作出改变。我们必须要找到建立联盟、参与决策和承担更多责任的方式。

让互联网去士绅化会是什么样的？要达成此目标，接下来要怎么做？跟科技巨头类似，士绅化可能给人感觉是压倒性的、无法阻挡的力量。但是在保持城市空间多样化的战斗中有成功的案例。我们能学习这些行动，借用其中的战术投入到争取互联网更公平的斗争。我在此描绘的议题，部分是从社区中对抗士绅化的活动家那里得到的灵感。我也会从隐私活动家和设计正义\*团体那里获得灵感，他们致力于促进更进一步的网络自由和包容。一项反士绅化的行动计划不必以颠覆脸书或摧毁基础设施为终极目标。只需要向我们展示现有网络的合法的替代方案，以及如何要求用户、平台和决策者承担更多责任。

这些策略是为了谁？这种行动主义只是为了被科技巨头排挤或边缘了的人吗？还是换种方式说，如果士绅是问题的一部分，他们可以也是解决方案的一部分吗？我坚信科技巨头和特权者必须成为应对士绅化中的互联网的一部分。这意味着反抗已经出现的问题，同时勠力阻止类似的问题以后再出现。在任何形式的社会正义行动中，同盟关系[†]都必须是等式的一部分，否则边缘人群就得孤军奋战。这是反种族歧视的白人的工作，说服其他白人不要种族歧视；这是男性女权主义者的工作，说服其他男性不要性别歧视；这是异性恋和顺性别人士的工作，

---

\* 设计正义（design justice）是一种由边缘社区主导的设计方式，目标在于挑战结构性不平等。

[†] 此处同盟关系（allyship）不是一般的同盟，而是在近年来LGBTQ运动中兴起的一个术语。意思是指支持并积极致力于将某个边缘化群体或政治敏感群体融入社会各个领域的人，这些人不一定属于该群体。

为反对恐同性恋和恐跨性别而战。在城市中，反士绅化的运动不应该只局限于自家住房牵涉其中的人，而必须给新来者提供路径成为更好的邻居。在线上，对抗士绅化必须保护想保存自己文化的社群，也必须探索出一条路径让已经士绅化的平台更开放、更包容。

## 城市士绅化：抵抗是什么样子的？

士绅化是全球问题，但其恶果要视具体社区而论。因此不同城市对抗士绅化的行动看起来不一样也合理。我想带诸位综览一下反士绅化行动主义的全貌，带着两个目标：一是提醒我们自己，改变是可能的，即使士绅化看起来是无法阻挡的力量；二是弄懂哪些反士绅化活动家的策略可以借鉴来构建更公平的互联网。

2004年，纽约东哈林区的租户成立了一个叫西裔街区公正运动[*]的组织，在以拉丁裔和非裔文化和传统闻名的街区反抗士绅化。2007年，英国公司道内戴（Dawnay Day）集团买下该地区的47栋建筑。据《回拳》[†]杂志的迈克尔·古尔德-沃特夫斯

---

[*] "西裔街区公正运动" 原文为Movement for Justice in El Barrio，其中的El Barrio为西班牙街区，代指东哈林地区。

[†]《回拳》(*Counterpunch*)，美国的一份激进左翼网络杂志。

基（Michael Gould-Wartofsky）报道，当时道内戴集团的经理菲尔·布莱克利（Phil Blakeley）毫不避讳自己打算拿建筑来做什么，他说该公司正在帮助"促进哈林的士绅化"。西裔街区公正运动组织在纽约市政厅示威，组织租户委员会。租户委员会要求改善被忽视楼栋的状况，起诉道内戴"非法骚扰"。2008年经济衰退期间，道内戴破产，即使投资者走了，西裔街区公正运动还有未竟之事。因为房产处于不稳定状态，租户仍然住在糟糕的环境中，没有表达担忧和要求修缮的渠道。2010年，西裔街区公正运动的诉讼获得了胜利。活动家和记者安妮·科雷亚莱（Annie Correal）如此形容租户赢得的重要权利：他们得到保证，建筑不会归还给先前管理不善的所有者，并且"管理者使用资金的所有账目租户都有权接触……出于修缮的需求，他们也有权把管理者告上住房法院（Housing Court）"。最终，西裔街区公正运动得以建立敦促改变的长效机制，给本地居民提供就本街区事务发声的机会。

在第三章，我们了解了科技巨头如何正在改变旧金山的文化地理。因此，湾区也有大型反士绅化行动就不足为奇了。2013年，一个叫"城市之心"（Heart of the City）的旧金山反士绅化团体开始了一系列严肃的抗议。他们聚焦于将科技巨头员工运往湾区南部的私有通勤班车。苹果、脸书、基因泰克（Genentech）、谷歌等公司都把私有班车当作员工福利。作家丽贝卡·索尔尼特（Rebecca Solnit）把班车形容成公然的不平等的符号：

> 早晨和晚上，班车驶向旧金山各大公交站，但他们没有——或几乎没有——标识，且不对外开放。前挡风玻璃上没有标志或者只有不显眼的缩写，而且因为这些班车没有后门，吞吐乘客非常缓慢，光线明亮的臭烘烘的公共汽车在它们身后等着。乘客坐上免费的豪华班车，很多人会拿出笔记本电脑在车上开始当天的工作；Wi-Fi当然是有的。班车多数都是闪亮的白色车身，深色的玻璃窗，就像豪华轿车一样。

索尔尼特的印象是关于特权和孤立的，它涉及科技业员工与本地人避开直接接触的移动滤泡。城市之心连续多个星期拦下并登上班车，他们视班车为"深层问题的象征，恶化了住房危机和猖獗的失所问题"。抗议者把基础设施当成抗议的中心议题，装扮成建筑工人，举着"警告：非法使用公共设施"标牌。该团体还撰写并分发了一份虚假的城市法规，勾勒出城市应该如何做的愿景。在清单的最前面，是要求提供班车服务的科技公司为占用公共设施付费。抗议最终迫使市政府于2016年颁布了被称为"通勤班车项目"的一系列新法规，要求巴士公司为使用公交站而向市政府付费。

在地方政府的合作和地方法规的庇护下，士绅化得以发生。

所以，反士绅化工作利用同样的地方法律和政策杠杆也是理所当然。在多年的房地产繁荣之后，迈阿密颁布措施减缓士绅化。地方立法者修改了限制建筑高度的法规，允许城市向上生长。\*据城市政策记者斯科特·拜尔（Scott Beyer）的说法，迈阿密的城市决策者认为房产需求一直会上涨，于是把向上建造视作阻止"银行阶级外溢"到小哈瓦那等历史性社区的最佳方式。蒙特利尔采取了不同方式对抗士绅化，使用区划†法律。2016年，该市通过法规，不准在一家已有的餐馆25英尺（约7.6米）内开设新餐馆。据制定该法案的一名立法者解释："居民需要在自己家附近走路就能够接触到不同的商品和服务。我们有许多餐馆，这很不错，但我们也需要杂货店、面包房和零售店。"（见马修·海斯［Matthew Hays］在《卫报》上的报道）该法规保护了老店面，鼓励商业多样化。在面对新住房和新餐馆的需求时，迈阿密和蒙特利尔把区划法律变成了保护本地社区的工具。

在芝加哥，帕塞奥波里卡（Paseo Boricua）一直以来都是波多黎各社群活跃的家园。该社区从20世纪90年代就开始与士绅化斗争。地方社区团体主要在经济发展和孕育了波多黎各

---

\* 气候变化是迈阿密这座城市的主要威胁之一。尽管向上延伸可能对士绅化产生影响，这项政策同时也忽视了正在逼近的环境危机。深入探讨士绅化和气候变化之间的联系已超出本书范畴。但我想说，对于把迈阿密当地政策当作行动主义蓝图，我是矛盾的，尽管这是城市探索用地方法律对抗士绅化的重要案例。——原书注

† 区划即对特定地区内的土地进行地块划分，提出具体控制要求并实行管制，是土地使用开发控制的一种法律手段。

文化的地方商业上发力。帕塞奥波里卡位于洪堡公园再开发区内，该开发区1994年建立，宗旨是在本地社群组织框架内塑造商业开发。根据城市研究者伊维斯·加西亚（Ivis Garcia）的说法，洪堡公园再开发区的部分力量来自其对联盟构建不可思议的投入——该组织聚集了80多个社群团体。洪堡公园再开发区强调社区的波多黎各传统，因而能够吸引新的、地方所有的商业来到本区域。他们的招商努力包括承诺发展不同的商业类型，以吸引不同收入层次的消费者。规划者也致力于提供基于波多黎各和拉丁文化的空间，以及不只用来购物也用来休闲的空间。波多黎各裔居民开始在这片区域投资，修复建筑的外立面，承担大规模翻修。通过整合资源和影响力，本地居民能够更多地控制在社区里开设的商业种类。

这是地方活动家正在对抗城市士绅化的一些方式。其中哪些教训可以用于争取更公平的互联网呢？正如我们从西裔街区公正运动在东哈林的斗争中所见，一些法律行动是必须的。把重点放在回应权力的过程上也同样必要。帕塞奥波里卡的波多黎各裔可以更多地控制社区，是因为他们建立了能够购买、出售和开发住房和商业的社群组织。西裔街区公正运动活动家同样也致力于建立结构——比如租户委员会——让居民对楼栋和社区里发生的事情有发声渠道。我们不能只是等着经济衰退把房地产开发商消灭（正如我们在2008年经济衰退中所见，有时候经济下行反而给更多的士绅化大开方便之门）。但是我们可以带着清晰的目标采取法律行动，比如提供透明度和责任度。

反士绅化行动主义也向我们展示，在多个层面都需要行动：法律行动、企业压力、呼吁地方立法以及直接行动。科技公司易受到压力影响，但迫使他们改变需要集体组织和社群行动。没有城市之心，科技公司可能永远也不会为公器私用付费。监管也是反士绅化项目的关键，如我们在迈阿密和蒙特利尔所见。地方立法不会突然发生，需要致力于变革的居民提供压力。

## 反击互联网士绅化的工具箱

对于想遏制士绅化的城市，没有一刀切的答案，反击网络的孤立、失所和商业化也是如此，我们需要多功能的工具箱。反抗士绅化中的互联网，需要不同的策略。不是所有策略都是直接从城市反士绅化工作中得来的，但它们之间有共通点，都致力于用多方面的措施为更美好更公平的互联网而斗争。本书结尾附有术语汇编和参考资料，此外我还列出了致力于网络中立性和反抗数字歧视的活动团体。构建另一种更好的互联网，支持和学习这些团体是重要的第一步。

成为你自己的算法。我们不要被动地接受平台投喂给我们的网络和内容，对于网络应如何，我们要掌握更多的自主权。作为用户，我们可以一步步多元化我们的网络内容。社交媒体平台提供的一部分便利和娱乐，是它们传递内容。算法处理我们的状态更新、照片、视频和链接，创造个性化的信息流，让我们时刻得到最新内容，得到娱乐。跟所有算法一样，驱动我们社交媒体信息流的规则可以是有用的。它们推送我们网络里来自他人的内容，让我们知道熟人发生了什么。但是尽管信息流对用户来说很方便，它也有局限性。它们的动机不是为了帮助我们，而是给公司挣钱。信息流的设计是为了让我们尽量久地在线——以便向我们展示尽量多的广告。

脸书、YouTube这样的平台调整了推荐内容的算法，因为它们在促进病毒式传播的新闻和极端内容的传播方面受到了压力。2020年全球性的新型冠状病毒感染则提醒我们，平台需要监控内容。在病毒如何传播、本地有何资源可用等方面充满不确定性的情况下，脸书和YouTube奋力地打击恶作剧、骗局和虚假信息。在记者、决策者、医保专业人士、相关用户的压力下，平台封禁了"直接造成身体伤害"的广告和帖子。虚假信息不只是因为人们分享才传播开来，还因为算法推送的是引发共鸣而不是引发讨论的内容。我们应该不停点名批评那些把广告利润置于公共健康和个人福祉之上的社交媒体公司。但是在平台继续调整算法公式时，我们可以行动起来成为自己的算法，有意地多样化我们的网络和看到的内容。

在实际操作的层面，这意味着我们要检查自己关注的人，问自己：我该如何多样化这些声音和视角？这或许意味着要寻找更多的有色人种、女性、性少数者、身障人士或者非典型神经学失调者，或者要暴露在与我们持不同政治观点者的内容里，这些人可能生活在这个国家或这个世界的其他地方。重组我们的网络内容可以让我们更多地意识到平台是如何运行的，更深入地了解平台的优先事项。这也可以抗击隔离和网络平台的滤泡。成为自己的算法并向多样性倾斜，我们能够收回早期互联网宣扬的一些关于遇见新人群、学习新视角的东西。

我们需要科技巨头成功的新叙事。在第四章，我讨论了科技巨头的成功总是由美元来衡量。同样的优先事项也统领着士绅化社区的图景。我们需要推行何为成功企业的新故事。谷歌员工在周末当志愿者，科技巨头高管一次性的慈善捐款，这种让人感觉良好的新闻已经够了。我们需要社交媒体公司拥抱新的商业模式和成功的新定义。行业内部已经出现了一些改革科技巨头的压力。正如第三章所述，越来越多的科技工作者正在产出他们自己的科技巨头基层叙事。他们向公司领导层写公开信，组织罢工，有时候还建立工会。我们需要支持科技巨头内部为公平和包容作出的努力，可以是线上抵制或者媒体造势。记住愤怒的汤博乐用户拿自己的注意力当筹码，保护自己的在线规范，我们必须意识到自己对科技巨头的价值。到那个时候，我们也能想象和要求科技巨头采用新叙事。

你的方便不比别人的安全更有价值。安全是权利还是特权？什么时候一个人感到安全需要牺牲别人的权利了？线上隐私越来越是人们付出的代价，不论是用付费串流服务去除广告，还是花钱买反病毒保护。但很多时候，最需要保护的人正是那些最无力支付费用的人。女性、有色人种和性少数群体受到线上骚扰的程度比其他人多得多。这些群体更有可能被喷子攻击、曝光（隐私信息被人发帖公开）或报假警（一种高风险的恶作剧，包括制作假炸弹，引执法部门出现在被恶搞目标的家门口）。即使受害者没有受到身体攻击，但线上骚扰对受害者的心理健康也造成了重大影响，它也可能让我们的网络公共平台变得更不多元——如果历史上就被边缘化的人群出于恐惧害怕发声。

不论是线上还是线下，种族和阶级都跟谁被视为威胁关系莫大。网络平台士绅化之时，会排挤或歧视边缘人群。但是士绅化和通过科技危害他人福祉之间也可能存在直接和实际的联系。比如，"我们的数据身体"活动家把士绅对安全的担忧与伤害了有色社群的科技联系在一起："对无证件者、黑人及其他边缘社群，一座城市越想变得安全，这些社群就变得越不安全。当城市为了社区安全增加监控摄像头、提升警察部门的军事化，对那些常常被认为可以抛弃的居民来说，便是逼近的威胁。没有人性元素的安全思维，内在地就不安全。"

许诺了安全的产品会对顾虑多的人产生巨大的影响。比如包裹海盗，也就是偷别人放在邮箱或家门口的包裹的人。放在门口的东西被偷令人沮丧或害怕。但是保证邮件安全并不是士绅化、地方警察和科技巨头合作的借口。在正经历士绅化的社区里，用来炒卖的房子和新房里常常安装了家庭安全设备。在有些城市，这些设备背后的科技公司和地方警察携手合作。劳伦·斯迈利（Lauren Smiley）在《大西洋月刊》的一篇文章中描写了亚马逊如何协助警察部门开展"诱饵盒"行动，警察把装了全球定位系统追踪器的诱饵盒随机放在别人的家门口。如果有人上钩，警察就一拥而上抓人。盗窃是犯罪，但我们应该权衡，被偷的亚马逊包裹（该公司几乎肯定会免费补发）是否值得邀请警察监控进入我们的家，然后对准我们的邻居。在正经历士绅化的社区里，大部分富裕白人居民都与科技巨头和当地警方合作，监控更贫穷的邻居，这一点尤其值得思考。当有公司向我们承诺用数字技术保证安全，我们要记得问：是谁的安全？我们使用的设备和技术会如何影响我们周围的人？正如"我们的数据身体"活动家所言，我们应该走向更像廊灯而不是家庭警报系统的科技。警报系统是为了保护一户家庭，但廊灯是为了保护一片社区。

在城市里，如同在线上，我们需要监管。正如洛杉矶租户工会提醒我们："我们没有住房危机。我们有的是租户权利危机。"正如活动家们在努力与立法者合作提升租户的权利，互联网用户也在努力寻找介入硅谷的政治同盟。科技公司的高管们多次被召唤去（美国或其他地方的）政府官员面前听证，但这似乎并没有让平台如何运营产生实质性改变。这当然也没有影响他们的利润率。2018年，在脸书允许政治咨询集团剑桥分析公司获得其8700万用户账号的访问权限后，马克·扎克伯格在美国国会前作证。该新闻传开后，脸书股价暴跌370亿美元。在扎克伯格作证期间，投资者对他的回应——以及政客明显不愿意监管科技巨头的姿态——感到非常欣慰，以至于脸书股价因此暴涨。在作证的几个小时期间，扎克伯格为公司挣了210亿美元。脸书的股价涨了4.5%，从一天前的157.93美元涨到了165美元，这是该公司在过去大约2年里最高的单日涨幅。作为主要股东，扎克伯格的身价涨了30亿美元。扎克伯格作证的主要结果，不是让脸书担责或者立法者监管，而是脸书的股价增长。

在城市里，士绅化不只是一小撮人决定住在哪里，它还要求地方政府的积极支持。或者换句话说，抵制士绅化最重要的工具之一是地方的住房和区划政策。当地方决策者给开发商减税，有人就会炒房，建造大量的公寓大楼，令当地人失所。对城市开发商来说，弄清楚怎么让地方监管为我所用非常有利可图。科技行业也是如此，他们雇佣说客左右联邦立法。科技公司投入到游说联邦政府的钱越来越多。2018年，亚马逊、苹果、脸书和谷歌一共在游说上花了5500万美元，是2016年2740万美元投入的2倍。但是正如我们在迈阿密和蒙特利尔所见，政策制定者也可能制定法规，减缓士绅化进程或减少其影响。

我们需要要求立法者介入网络中立性、用户隐私和线上骚扰等方面。这个过程可以从了解互联网基础设施的地方图景开始。你的社区有多少ISP？其中有小型提供商或者作为替代的网状网络吗？黑暗光纤呢？当地的代表中，有多少代表接受来自康卡斯特等主要提供商的捐款？从代表你的众议员或市议员开始，他们可能会有职员专人接听你的电话，而不是把你转入语音信箱。问一问他们的立场，关于网络中立性，关于互联网渗透率，关于对方对数字媒体素养的支持。要掌握彻底变革会面临的障碍，了解情况是重要一步。

呼吁触达政府官员可能会令人感到沮丧。这不是我们所有人都该做的吗，和我们的代表接触？给代表打电话不是我们唯一的应对方式——我们作为消费者也必须作出不同的决策，加入抗议、游行和抵制等行动中。但是了解议题的来龙去脉和联系政客能产生作用。在我的经验里，给代表们打电话能了解政客在做什么，为什么要做。如果你通过邮件和社交媒体接触，代表或他的职员就会用其政策立场回复。我曾经给我的共和党参议员发过很多关于网络中立性（及其他议题）的邮件。尽管我从来没觉得是在真正地交换观点，但这个过程确实让我了解了他的投票记录——我也总会更新自己的目标，试图让另一个人在下一次选举中当选。

但仅仅是学习互联网基础设施的政治是不够的。我们还得学习平台的政治。平台喜欢创建诸如"社区指导原则"类的文档，但这些文本通常难以卒读，公司也能随意改动它们。而且，它们总是自上而下而非自下而上的。就像参加地方区划会议能帮助住户了解社区的冲突，学习网络平台政策的基本情况也不难，只需要很少的时间。如果有足够多的用户提出要求，平台就可以改变政策。正如我们在第二章中所知，2014年，脸书在同性恋、跨性别者和原住民活动家要求制定新规则之后，改变了"真名"政策。为了达成目标，用户成了活动家。他们为了要求修改规则而学习了平台政策。他们组建联盟，组织抗议，令平台满足自己的要求。除了把自己组织成用户，我们也可以支持行业内为改变而奋斗的科技工作者的努力。我们可以要求平台改变，但这意味着克服一种无力感，了解其利害关系和利益相关者，认真思索我们如何度过线上时光，以及和谁度过线上时光。

我在此勾勒出的步骤不是对抗士绅化互联网中孤立、失所和商业化现象的唯一路径。它们只是我们开始设想完全不同的互联网的一种方式。关于科技巨头，存在着很多人皆为己的论调和怀疑，其理由也充分。但是我想用积极的语调——和来自白蚁的教训——结束本书。2019年11月，我去费城参加了一场由工人团结网络（Worker Solidarity Network）主办的活动。该活动请来了一群活动家讨论他们与种族平等和环境公平作斗争的经历。其中一名叫雅尼娜·阿非利加（Janine Africa）的活动家，因为与费城的激进政治组织MOVE有关而入狱将近40年。在被问道如何始终投入活动工作时，她用了一个白蚁的比喻回答："当白蚁开始侵蚀一些东西的时候，你最初在表面是看不出什么的。它看起来还是跟原来一样光滑。但是在底部，我们正在侵蚀。渐渐地,整个结构就会崩塌。"科技巨头看上去无法阻挡。它有资本主义、科技乐观主义者以及一大群有钱有权者的支持。但是我们中如果有足够的人坚持营造包容和开放的空间,我们就有可能颠覆科技巨头,建造出更美好的事物。

# 资源列表

想学习更多关于如何在线上和线下进行组织，但不知道从哪里下手？这里有一个相当不完全的清单，包括反抗城市士绅化、利用数字科技追求社会正义的社群团体、非营利组织和智库。

## 反士绅化组织

**布朗克斯社区展望联盟（Bronx Coalition for a Community Vision）**

一个由工会成员、租户、居民和宗教领导者组成的联盟，致力于纽约市布朗克斯社区的平价住房、好工作和反失所斗争。

**变革之色（Color of Change）**

变革之色是美国最大的在线种族正义组织，集合了经济、犯罪、媒体和科技正义等相关的项目。

### 赋权特区（Empower DC）

从2003年开始，赋权特区就开始致力于种族、经济和环境正义，在华盛顿特区的低收入居民和社群中构建政治力量。

### 第五大道委员会（Fifth Avenue Committee）

第五大道委员会位于纽约的布鲁克林，致力于推进经济和社会正义，要求平价住房，劳动力发展和成人教育项目。

### 洛杉矶租户工会（LA Tenants Union）

洛杉矶租户工会建立以社区为基础的租户、居民联盟，为租户伸张权利，要求平价住房，终止大规模驱逐。

### 亚太美国社群发展全国联盟（National Coalition for Asian Pacific American Community Development）

亚太美国社群发展全国联盟是由将近100个社群组织组成的联盟，横跨21个州和太平洋岛屿，目标是提高住房安全，保护亚太文化，尤其是低收入社群。

### 全国社区再投资联盟（National Community Reinvestment Coalition）

全国社区再投资联盟采取草根组织、政策和游说等方法，提升对基础银行、平价住房、企业家精神和创造工作等领域的接触权。

**全国低收入住房联盟（National Low Income Housing Coalition）**
通过政策工作和研究项目，全国低收入住房联盟倡导为低收入人群提供更多平价住房。

**下一座城市（Next City）**
这个非营利新闻组织用研究和报道支持美国各城市的经济、环境和社会正义。

**我们的社区开发公司（Nuestra Comunidad Development Corporation）**
我们的社区开发公司是一个社区导向的集团，致力于提升马萨诸塞州罗克斯伯里和波士顿地区的服务不完善人口的身体、经济和社会福祉。

**费城租户工会（Philadelphia Tenants Union）**
建立于2016年，费城租户工会是一个由租户领导的组织，致力于与驱逐对抗，促进费城租客的安全和平价住房。

**权归城市同盟（Right to the City Alliance）**
权归城市同盟是一个种族、经济和环境正义的全国性同盟，致力于与低收入人群、有色人种和性少数群体的士绅化和失所问题作斗争。

### 硅谷起义（Silicon Valley Rising）

一个致力于反抗加州圣何塞士绅化、失所和无家可归的社群团体，要求提供支撑家庭的工作、支持本地学校、公共交通和社群监管。

### 南布朗克斯联合起来（South Bronx Unite）

一个由南布朗克斯居民、社群团体和志同道合者组成的全志愿者联盟，专注于保护纽约市南布朗克斯社区的社会、环境和经济特征。

### 城市失所计划（Urban Displacement Project）

城市失所计划是位于加州大学伯克利分校的研究和政策团体，专注于可以抵抗士绅化和失所的公平发展。

### 城市改革研究所（Urban Reform Institute）

城市改革研究所致力于可持续性，揭露经济不平等，提倡"以人为导向的方法"来解决城市开发，专注于规划和区划如何支持社群而不是开发商。

**女性社区复兴计划（Women's Community Revitalization Project）**

女性社区复兴计划是位于宾夕法尼亚州费城的社区土地信托，通过土地社区所有制提倡公平的房地产开发。

## 科技和社会正义组织

**1800万起义（18 Million Rising）**

1800万起义凝聚了亚裔美国人，通过数字科技和流行文化构建社群。

**人工智能进行时（AI Now）**

一个跨学科的研究中心，专注于研究人工智能技术的社会影响。

**黑人女孩写代码（Black Girls Code）**

一个致力于通过项目、奖学金和夏令营等形式教授年轻黑人女性写代码的组织。

**监狱科技抵抗网络（Carceral Tech Resistance Network）**

这个由科技活动家组成的网络促进了激进社群团体的训练，

也制作工具、数据库和记录了反隐私科技的存档。

### 许可科技计划（Consentful Tech Project）

一项旨在提升用户自主权和线上公民自由的计划，通过提高相关意识、分享技术来帮助普通人建造和使用数字科技。

### 数据与社会（Data & Society）

数据与社会位于纽约，在人工智能和自动化、工作与健康的关联、网络虚假信息等领域开展研究和政策倡议。

### 要求进步（Demand Progress）

要求进步通过组织和草根游说支持渐进式政策变革，专注于数字公民自由和科技行业的政府监管。

### 底特律社群科技计划（Detroit Community Technology Project）

底特律社群科技计划训练底特律的社区领导者，以此支持科技教育和社会正义的组织工作。

### 电子前线基金会（Electronic Frontier Foundation）

从20世纪90年代开始，电子前线基金会就开始通过诉讼、政策游说、草根行动和科技研发来倡导用户隐私保护、线上言论自由、数字自主权。

### 为未来而战（Fight for the Future）

由艺术家、技术专家和活动家组成的团体，针对网络中立性、反监控和提升用户隐私领域，组织网络抗议。

### 自由媒介（Free Press）

自由媒介专注于媒体和技术，致力于公平的技术获取、多样且独立的媒体平台以及基于社群的新闻报道。

### 媒体正义（MediaJustice）

一项草根行动，支持传播权、数字科技获取和社群权力。

### 全国西裔媒体联盟（National Hispanic Media Coalition）

全国西裔媒体联盟在30多年的时间里，倡导在纸媒和数字媒体中有更多的拉丁裔。

### 纽约市网状网络（NYC Mesh）

由一群志愿者组成，致力于通过建立纽约市的网状网络来解决数字鸿沟。

### 开放科技研究所（Open Technology Institute）

开放科技研究所专注于政策，关注议题有监控、消费者隐私、网络中立性和宽带接入。

**我们的数据身体（Our Data Bodies）**

一个研究团体，致力于个人隐私保护、种族正义，阻止政府和企业监控。

**人民公开（People's Open）**

一个位于加州奥克兰、由社群拥有并运营的无线科技团体，建立网状网络，提供技术分享项目。

**公共知识（Public Knowledge）**

公共知识专注于研究和政策，提倡言论自由、开放的互联网和数字科技的接入。

**激进参考（Radical Reference）**

一个由图书管理员、档案管理员、信息专业人士组成的团体，致力于解决社会正义，提升科技接入。

**红钩无线网络（Red Hook WiFi）**

红钩无线网络位于纽约布鲁克林，由社群领导、致力于通过网状网络和教育项目弥合数字鸿沟。

**韧性正义科技（Resilient Just Technologies）**

一个社群科技计划，旨在倡导为致力于种族、经济和气候正义的社群团体提供去中心化的技术。

### 阻止洛杉矶警局监视联盟（Stop LAPD Spying Coalition）

位于洛杉矶，该社群团体专注于洛杉矶警局，通过集体行动和游说对抗警察监视。

### 监视技术监管计划（Surveillance Technology Oversight Project）

该计划是一个非营利游说集团和法律服务提供者，致力于个人隐私，对抗政府层面的监视。

### 科技学习共同体（Tech Learning Collective）

科技学习共同体位于纽约市，是一所科技学校，服务于激进组织者、服务不完备的社群和推进社会正义事业的组织。

### 转换科技（TransTech）

转换科技为对数字技术感兴趣的性少数群体提供网络和教育项目机会。

### 部落数字村（Tribal Digital Village）

部落数字村是来自南加州部落主席联合会的项目，为南加州部落社群提供互联网接入，提升其数字包容性。

# 术语汇编

**反垄断（antitrust）** 一种法律理论和立法形式。反垄断立法的目的是限制垄断，提高商业中的竞争。

**公告板系统（BBS）** 全称是Bulletin Board System，早期计算机网络的一种类型。BBS是数字用户群组私密运行的枢纽，用户可以拨号接入，分享文本、代码和媒体文件。尽管大多数BBS在20世纪末21世纪初被关闭或成为互联网服务提供商，但北美地区依然有一小部分（大概20家）BBS在运营。

**科技巨头（big tech）** 指主流的科技公司，如苹果、谷歌、亚马逊、微软和脸书；也包括拥有相同目标、价值观和优先事项的较小规模的公司。

**加州意识形态（California Ideology）** 由英国媒体理论家理查兹·布鲁克（Richards Brook）和安迪·卡梅伦（Andy Cameron）在1995年的一篇名为《加州意识形态》的文章中创造的术语。两名作者把加州意识形态形容成"网站自由主义"

(dot.com liberalism），认为科技对社会有益，科技行业不应该由州或联邦政府监管。又见网络自由意志主义。

**网络自由意志主义（cyber-libertarianism）**一系列理念的集合，把科技视为提升个人和社会福祉的手段。和加州意识形态一样，网络自由意志主义呼吁去中心化、减少对中央政府的依赖以及有限的监管。

**联邦通信委员会( federal communication commission[FCC])**负责监管美国境内及所属领土中州际或国际通信的政府机构。联邦通信委员会受国会管辖，负责贯彻和执行广播、电视、电话和互联网等美国通信相关的法律法规。

**受托责任（fiduciary responsibility）**法律和金融术语，用以形容一方完全代表另一方及其最佳利益的关系。当一个公司向公众发售股票，其就对股东负有受托责任，要实现利润最大化。

**滤泡（filter bubbles）**此术语用来形容存在回音室效应的线上环境。在数字生活的背景中，滤泡由算法驱动，基于用户过去的线上行为，把类似的内容推送给他们。滤泡意味着人们只会接触与他们既有理念相符的意见和信息。此术语被批评太过模糊，制造恐慌，同时暗示了回音室效应是由数字科技新创造的，而不是普通社会生活中一直存在的。

**炒房（flipping houses）**这是房地产中的一种赚钱策略，投资者用很少的钱买一处房产，然后装修后高价卖出。大部分时候，此术语指的是企业和开发商接手房产，而不是个人房主一次性地装修房屋。

**士绅化（gentrification）**士绅化最基本的意思是社区变革的过程。士绅化涉及人和资源的转变，中上阶层的人移居到先前由较贫穷居民居住的社区。其结果通常是原居民的失所，导致越来越同质化的文化和不均衡的商业化。

**首次公开募股（initial public offering［IPO］）**指登陆股市，或者某公司第一次向公众售卖股票。也叫发行股票（floating）或上市（going public），通过这一过程私有公司变成了上市公司。

**互联网接力聊天（internet relay chat［IRC］）**一种聊天协议，为以互联网为基础的通信而开发。在互联网接力聊天中，用户连接特定的服务器，该服务器属于某个互联网接力聊天网络服务器集合之一。如果用户在同一互联网接力聊天网络中的不同服务器上发送一条信息，该信息就会在服务器中接力传播至另一个用户。和BBS一样，互联网接力聊天已经失宠，但有些依然在运营。

**互联网服务提供商（Internet service provider［ISP］）**提供互联网接入服务的组织。ISP可以是商业性的、社群所有的、非营利的或者私有的。ISP提供的服务通常包括互联网接入、互联网传输、域名注册和网络托管等。

**投资型房产（investment property）**购买该房产的目的是获得初始投资的回报，要么通过租赁，要么通过未来增值，或者兼而有之。

**现实生活中（IRL）**全称是 in real life。常常用在网络交流中，意思是讨论面对面发生的事情，而不是只在线上发生的事。

**最后一英里问题（last mile problem）**"最后一英里问题"与连接人和通信设施所需的劳力和材料有关，比如电话和互联网接入所需的电缆。网络集线器和民用或商用接入点之间的距离，通常占用整体网络最后的20%，它被称为"最后一英里"。这20%的网络可能占到整个网络费用的80%。

**优绩主义（meritocracy）**一种价值体系，主张经济物品或政治权力应当基于才能、努力和成就而非财富和社会阶级而赋予个人。优绩主义背后的理念是，忽略"是谁"，而仅通过"他们做了什么"来评价他们。但是优绩主义常常假设存在公平的竞技场，并不考虑权力与特权是怎么塑造机会和表现的。

**网状网络（mesh networks）**一种无线网络，其连接在很多个无线网状节点之间扩散，这些节点互相连接，从而可以在一大片区域内共享网络链接，而传统的网络只依靠由ISP控制的少数有线接入点。网状网络又被叫作网状网（meshnet），可以由社群团体、非营利组织或商业提供商运营。

**网络中立性（net neutrality）**网络中立性既是政治运动，也是政策提议，认为ISP和宽带网络提供商对于通过其网络发送的内容应该完全中立。网络中立性活动家认为严格的联邦监管能确保提供商对待所有互联网流量一视同仁，不论其内容、来源和去向。

**平台（platform）** 按严格的定义，是一种软件，它通过应用程序界面（API）使从网上获取数据成为可能。然而，此术语也可更普遍地指允许用户创造内容的网站。脸书、推特和Instagram都是社交媒体平台。

**划红线（redlining）** 基于种族、阶级等身份标识而系统性地拒绝为一些人提供各种服务的行为。划红线可以通过拒绝为个人提供服务而直接发生，也可以通过对潜在买家选择性提高报价而间接发生。在美国，划红线的例子涉及拒绝为有色人种提供银行、保险和房产等服务。

**税收减免（tax abatement）** 由政府在特定期间给予的减税或免税，通常是用来鼓励投资房地产等行为（税收激励也是一种税收减免）。税收减免可以吸引开发商来到平价住房的社区，最终会提高平均房价和房产税税率。

**科技决定论者（techno-determinist）** 认为科技是社会变革主要驱动力的人。换句话说，科技决定论者认为当社会进程转换或改变的时候，是科技在起作用。

**科技怀疑论（techno-skepticism）** 科技怀疑论者不把科技视作社会变革的积极力量，而是对社会中的现代科技持悲观或怀疑的态度。

# 来源和扩展阅读

不依赖他人的研究、数据和观点,是无法写出一本书的。与此同时,学术引用传统又会令大众不知所措,或是感到无聊。为了在可接受性和受人认可的来源材料之间平衡,我尽力在文本中提供足够的信息,方便读者在参考文献中查找资源。以下列出的是我用到的资源,按章节划分,章节里的资源按字母表顺序排列。用这种方式陈列资源,目的是致谢令此书成为可能的那些文本,同时也让感兴趣的读者能在每一章的话题中找到额外的来源。在第二章中,除了我用到的文章、博文、书籍,我还罗列了我之前关于网络反主流文化社群研究的少量访谈。

## 第一章

Arthur, G. 2015. "Lack of Internet Access Makes Climb Out of Poverty Harder." *Al Jazeera*, October 24, 2015. http://america.aljazeera.com/articles/2015/10/24/not-having-internet-access-at-home-hinders-education-employment.html.

Baker, K. 2018. "The Death of a Once Great City." *Harper's Magazine*, July 2018. https://harpers.org/archive/2018/07/the-death-of-new-york-citygentrification.

Beckett, L., D. BondGraham, P. Andringa, and A. Clayton. 2019. "Gun Violence Has Sharply Declined in California's Bay Area. What Happened?" *Guardian*, June 4, 2019. www.theguardian.com/us-news/ng-interactive/2019/jun/03/gun-violence-bay-area-drop-30-percent-why-investigation.

Beswick, J., G. Alexandri, M. Byrne, S. Vives-Miró, D. Fields, S. Hodkinson, and M. Janoschka. 2016. "Speculating on London's Housing Future: The Rise of Global Corporate Landlords in 'Post-Crisis' Urban Landscapes." *City* 20 (2): 321-41.

Brown-Saracino, J., ed. 2013. *The Gentrification Debates: A Reader*. New York: Routledge.

———. 2013. "Social Preservationists and the Quest for Authentic Community." In *The Gentrification Debates: A Reader*, edited by J. Brown-Saracino, 261-75. New York: Routledge.

Bruns, A. 2019. "It's Not the Technology, Stupid: How the 'Echo Chamber' and 'Filter Bubble' Metaphors Have Failed Us." Paper presented at the International Association for Media and Communication Research, Madrid, Spain, July 7-11, 2019. https://eprints.qut.edu.au/131675/1/It%E2%80%99s%20Not%20the%20Technology%2C%20Stupid%20%28paper%2019771%29.pdf.

Butler, T. 2013. "Consumption and Culture." In *The Gentrification Debates: A Reader*, edited by J. Brown-Saracino, 235-60. New York: Routledge.

Chun, W. H. K. 2018. "Queerying Homophily." Mediarep. https://mediarep.org/bitstream/handle/doc/13259/Pattern_Discrimination_59-97_Chun_Queerying_Homophily.pdf?sequence=1.

Coates, T. 2014. "The Case for Reparations." *Atlantic*, June 2014. www.theatlantic.com/magazine/archive/2014/06/the-case-for-reparations/361631.

Department of Housing and Urban Development. 2015. "HUD & Associated Bank Reach Historic $200 Million Settlement of 'Redlining' Claim." https://archives.hud.gov/news/2015/pr15-064b.cfm.

Ernsthausen, J., E. Simani, and A. Shaw. 2020. "Can You Be Evicted during Coronavirus? Here's How to Find Out." *ProPublica*, May 18, 2020. www.propublica.org/article/can-you-be-evicted-during-coronavirus-hereshow-to-find-out.

Fields, D., A. Schafran, and Z. Taylor. 2017. "Wall Street Landlords Are Chasing the American Dream—Here's What It Means for Families." *Conversation*, September 7, 2017. https://theconversation.com/

wallstreet-landlords-are-chasing-the-american-dream-heres-what-itmeans-for-families-82146.

Fields, D., and S. Uffer. 2016. "The Financialisation of Rental Housing: A Comparative Analysis of New York City and Berlin." *Urban Studies* 53 (7): 1486-502.

Gibbs, S. 2016. "Mobile Web Browsing Overtakes Desktop for the First Time." *Guardian*, November 2, 2016. www.theguardian.com/technology/2016/nov/02/mobile-web-browsing-desktop-smartphones-tablets.

Goldstone, B. 2019. "The New American Homeless." *New Republic*, August 21, 2019. https://newrepublic.com/article/154618/new-american-homelesshousing-insecurity-richest-cities.

Halegoua, G. R. 2019. *The Digital City: Media and the Social Production of Place*. New York: NYU Press.

Jamieson, K. H. 2018. *Cyberwar: How Russian Hackers and Trolls Helped Elect a President; What We Don't, Can't, and Do Know*. Oxford: Oxford University Press.

Lane, B. 2019. "Blackstone Sells Off More than $1 Billion in Shares of Invitation Homes." *HousingWire*, May 30, 2019. www.housingwire.com/articles/49216-blackstone-sells-off-more-than-1-billion-in-shares-ofinvitation-homes.

Lindeman, T. 2019. "Nearly 40 Percent of Toronto Condos Not Owner-Occupied, New Figures Reveal." *Guardian*, July 7, 2019. www.theguardian .com/world/2019/jul/07/toronto-housing-owner-occupied-canadaaffordability.

McChesney, R. W. 2013. *Digital Disconnect: How Capitalism Is Turning the Internet against Democracy*. New York: New Press.

McKenney, K. 2016. "The UN Declares the Internet a Basic Human Right." Paste Magazine, July 5, 2016. www.pastemagazine.com/articles/2016/07/the-un-declares-internet-access-a-basic-human-righ.html.

Menegus, B. 2019. "Mark Zuckerberg Is a Slumlord." *Gizmodo*, August 20, 2019. https://gizmodo.com/mark-zuckerberg-is-a-slumlord-1837375095.

Newman, K. 2019. "San Francisco Is Home to the Highest Density of Billionaires." *U.S. News*, May 10, 2019. www.usnews.com/news/cities/articles/2019-05-10/san-francisco-is-home-to-the-worlds-most-billionaires-per-capita.

Pariser, E. 2011. *The Filter Bubble: What the Internet Is Hiding from You*. London: Penguin UK.

Perez, G. M. 2002. "The Other 'Real World': Gentrification and the Social Construction of Place in Chicago." *Urban Anthropology and Studies of Cultural Systems and World Economic Development* 31 (1): 37-68.

Polonski, V. 2016. "Is Social Media Destroying Democracy?" *Newsweek*, August 5, 2016. www.newsweek.com/social-media-destroying-democracy-487483.

Raymond, E., R. Duckworth, B. Miller, M. Lucas, and S. Pokharel. 2016. "Corporate Landlords, Institutional Investors, and Displacement: Eviction Rates in Single Family Renters." Federal Reserve Bank of Atlanta, Community and Economic Development Discussion Paper No. 04-16, December 2016. www.frbatlanta.org/-/media/documents/communitydevelopment/publications/discussionpapers/2016/04-corporate-landlords-institutional-investors-and-displacement-2016-12-21.pdf.

Rose, D. 2013. "Rethinking Gentrification: Beyond the Uneven Development of Marxist Urban Theory." In *The Gentrification Debates: A Reader*, edited by J. Brown-Saracino, 195-210. New York: Routledge.

Rosenthal, T. J. 2019. "101 Notes on the LA Tenants Union." *Commune*, July 19, 2019. https://communemag.com/101-notes-on-the-la-tenantsunion.

Smith, N. 1996. *The New Urban Frontier*. London: Routledge.

——. 2013. "Building the Frontier Myth." In *The Gentrification Debates: A Reader*, edited by J. Brown-Saracino, 113-17. New York: Routledge.

Statista. 2020. "Worldwide Market Share of Search Engines from January 2010 to July 2020." August 2020. www.statista.com/statistics/216573/worldwide-market-share-of-search-engines.

United Nations. 2014. "World's Population Increasingly Urban with More than Half Living in Urban Areas." July 10, 2014. www.un.org/en/development /desa/news/population/world-urbanization-prospects-2014.html.

Vaidhyanathan, S. 2018. *Antisocial Media: How Facebook Disconnects Us and Undermines Democracy*. Oxford: Oxford University Press.

Zukin, S. 2013. "Gentrification as Market and Place." In *The Gentrification Debates: A Reader*, edited by J. Brown-Saracino, 37-44. New York: Routledge.

## 第二章

- Angwin, J., and T. Parris. 2016. "Facebook Lets Advertisers Exclude Users by Race." *ProPublica*, October 28, 2016. www.propublica.org/article/facebook-lets-advertisers-exclude-users-by-race.
- Body Modification E-Zine. n.d. BME (website). Accessed May 26, 2020. www.bme.com.
- Bossewitch, J., and A. Sinnreich. 2013. "The End of Forgetting: Strategic Agency beyond the Panopticon." *New Media & Society* 15 (2): 224-42.
- boyd, d. 2013. "White Flight in Networked Publics: How Race and Class Shaped American Teen Engagement with MySpace and Facebook." In *Race after the Internet*, edited by L. Nakamura and P. A. Chow-White, 203-22. New York: Routledge.
- Brock, A., Jr. 2020. *Distributed Blackness: African American Cybercultures*. New York: NYU Press.
- Brunton, F. 2013. *Spam: A Shadow History of the Internet*. Cambridge, MA: MIT Press.
- Brunton, F., and H. Nissenbaum. 2015. *Obfuscation: A User's Guide for Privacyand Protest*. Cambridge, MA: MIT Press.
- Clark-Parsons, R., and J. Lingel. 2020. "Margins as Methods, Margins as Ethics: A Feminist Framework for Studying Online Alterity." *Social Media+Society* 6 (1). https://doi.org/10.1177/2056305120913994.

Clement, J. 2019. "Tumblr—Statistics & Facts." Statista, August 20, 2019.www.statista.com/topics/2463/tumblr.

Department of Housing and Urban Development. 2019. "HUD Charges Facebook with Housing Discrimination over Company's Targeted Advertising Process." March 28, 2019. www.hud.gov/press/press_releases_media_advisories/HUD_No_19_035.

Elgakhlab, F. 2019. "Vox Sentences: Facebook's Digital Redlining." *Vox*, March 28, 2019. www.vox.com/vox-sentences/2019/3/28/18286216/Facebook-digital-redlining-israel-un-golan-heights.

Eubanks, V. 2012. *Digital Dead End: Fighting for Social Justice in the Information Age*. Cambridge, MA: MIT Press.

———. 2018. *Automating Inequality: How High-Tech Tools Profile, Police, and Punish the Poor*. New York: St. Martin's Press.

Karppi, T. 2019. *Disconnect: Facebook's Affective Bonds*. Minneapolis: University of Minnesota Press.

Kennedy, H. 2006. "Beyond Anonymity, or Future Directions for Internet Identity Research." *New Media and Society* 8 (6): 859-76.

Lesbianrey. 2019. "mandatory disclosure that i do think this site sucks but........tumblr's kinda nice in that its less like......public facing than twitter fb insta etc?" Tumblr, August 28, 2019. https://susieboboozy.tumblr.com/post/187336230363/guardiankarenterrier-amourboilynati.

Lewis, T., S. P. Gangadharan, M. Saba, and T. Petty. 2018. *Digital Defense Playbook: Community Power Tools for Reclaiming Data*. Detroit: Our Data Bodies.

Lingel, J. 2012. "Ethics and Dilemmas of Online Ethnography." In

CHI'12 *Extended Abstracts on Human Factors in Computing Systems*, edited by J. A. Konstan, 41-50. New York: Association for Computing Machinery.

———. 2017. *Digital Countercultures and the Struggle for Community*. Cambridge, MA: MIT Press.

———. 2020. *An Internet for the People: The Politics and Promise of Craigslist*. Princeton, NJ: Princeton University Press.

Lingel, J., A. Trammell, J. Sanchez, and M. Naaman. 2012. "Practices of Information and Secrecy in a Punk Rock Subculture." In *Proceedings of the ACM 2012 Conference on Computer Supported Cooperative Work*, edited by S. Poltrock and C. Simone, 157-66. New York: Association for Computing Machinery.

Maciag, M. 2015. "Oakland Gentrification Maps and Data." Governing: The Future of States and Localities, February 1, 2015. www.governing.com /gov-data/oakland-gentrification-maps-demographic-data.html.

Noble, S. U. 2018. *Algorithms of Oppression: How Search Engines Reinforce Racism*. New York: NYU Press.

Pariser, E. 2011. *The Filter Bubble: What the Internet Is Hiding from You*. London: Penguin UK.

Petrusich, A. 2016. "The Music Critic in the Age of the Insta-release." *New Yorker*, March 9, 2016. www.newyorker.com/culture/cultural-comment/the-music-critic-in-the-age-of-the-insta-release.

Renninger, B. J. 2015. " 'Where I Can Be Myself ... Where I Can Speak My Mind': Networked Counterpublics in a Polymedia Environment." *New Media & Society* 17 (9): 1513-29.

Romano, A. 2018. "Tumblr Is Banning Adult Content. It's about So Much More than Porn." *Vox*, December 4, 2018. www.vox.com/2018/12/4/18124120/tumblr-porn-adult-content-ban-user-backlash.

Snakegay. 2019. "everyone who buys tumblr fundamentally misunderstands the fact that us clowns that still use this site use it specifically because its a no mans land in here." Tumblr, August 30, 2019. https://susieboboozy.tumblr.com/post/187371664168/snakegay-everyone-who-buys-tumblrfundamentally.

Tiidenberg, K. 2016. "Boundaries and Conflict in a NSFW Community on Tumblr: The Meanings and Uses of Selfies." *New Media & Society* 18 (8): 1563-78.

Tufekci, Z. 2018. "Yes, Big Platforms Could Change Their Business Models." *Wired*, December 17, 2018. www.wired.com/story/big-platforms-couldchange-business-models.

U.S. Government Accountability Office. 2016. "K-12 Education: Better Use of Information Could Help Agency Identify Disparities and Address Racial Discrimination." April 21, 2016. www.gao.gov/products/GAO-16-345.

Wheaton, W. 2018. "I just want to belabor this point for a moment. These images are not explicit. These pictures show two adults, engaging in consensual kissing. That's it." Tumblr, December 3, 2018. https://wilwheaton.tumblr.com/post/180770332474/i-just-want-to-belabor-thispoint-for-a-moment.

# 第三章

Abbate, J. 2000. Inventing the Internet. Cambridge, MA: MIT Press.

——. 2012. *Recoding Gender: Women's Changing Participation in Computing*. Cambridge, MA: MIT Press.

Ames, M. 2019. *The Charisma Machine: The Life, Death, and Legacy of One Laptop per Child*. Cambridge, MA: MIT Press.

Ankerson, M. S. 2010. "Web Industries, Economies, Aesthetics: Mapping the Look of the Web in the Dot-Com Era." In *Web History*, edited by N. Brügger, 173-93. New York: Peter Lang.

——. 2012. "Writing Web Histories with an Eye on the Analog Past." *New Media and Society* 14 (3): 384-400.

——. 2018. *Dot-Com Design: The Rise of a Usable, Social, Commercial Web*. New York: NYU Press.

Aupperlee, A. 2018. "Duolingo CEO Has Message for 'Idiots' Mad about Hiring Equal Number of Women." TribLive, February 14, 2018. https://archive.triblive.com/business/technology/duolingo-ceo-has-messagefor-idiots-mad-about-hiring-equal-number-of-women.

Baker, J. 2019. *The Antitrust Paradigm: Restoring a Competitive Economy*. Cambridge, MA: Harvard University Press.

Banet-Weiser, S. 2018. *Empowered: Popular Feminism and Popular Misogyny*. Durham, NC: Duke University Press.

Brigham, K. 2019. "How Amazon Makes Money." *CNBC*, February 13.

www.cnbc.com/2019/02/12/how-amazon-makes-money.html.

Brinklow, A. 2017. "SF Tech Company Offers Employees $10K to Move outside Bay Area." *SF Curbed*, March 20, 2017. https://sf.curbed.com/2017/3/20/14986354/zapier-delocation-move-away-san-francisco.

Buckmaster, J. 2010. "An Open Invitation to Rachel Lloyd." *Craigslist Blog*, May 11, 2010. http://blog.craigslist.org/2010/05/11/an-open-invitation-torachel-lloyd.

Chandra, V. 2014. "What India Can Teach Silicon Valley about Its Gender Problem." *Wired*, August 28, 2014. www.wired.com/2014/08/siliconvalley-sexism.

Chang, E. 2019. *Brotopia: Breaking Up the Boys' Club of Silicon Valley*. New York: Portfolio.

Chavez, Y. 2019. "An Open Letter to Google CEO Sundar Pichai." *Medium*, June 18, 2019. https://medium.com/@yolanda.chavez.sanjose/an-openletter-to-google-ceo-sundar-pichai-baa1c8f155f3.

Curtis, S. 2015. "Is Facebook Becoming the Internet?" *Telegraph*, February 10, 2015. www.telegraph.co.uk/technology/Facebook/11402343/Is-Facebookbecoming-the-internet.html.

Davis, A. 2019. "Why Amazon Paid No 2018 US Federal Income tax." *CNBC*, April 4, 2019. www.cnbc.com/2019/04/03/why-amazon-paid-no-federalincome-tax.html.

De Nisco Rayome, N. 2018. "Eye Opening Statistics about Minorities in Tech." *Techrepublic*, February 7, 2018. www.techrepublic.com/article/5-eye-opening-statistics-about-minorities-in-tech.

D'Ignazio, C., and L. F Klein. 2020. *Data Feminism*. Cambridge, MA:

MIT Press. Fattal, A. 2012. "Facebook: Corporate Hackers, a Billion Users, and the Geo-Politics of the "Social Graph.'" *Anthropological Quarterly* 85 (3): 927-55.

Finley, K. 2013. "New Study Exposes Gender Bias in Tech Job Listings." *Wired*, March 11, 2013. www.wired.com/2013/03/hiring-women.

Florida, R. 2019. "6 Rules for Better, More Inclusive Economic Development in Cities." *CityLab*, February 26, 2019. www.citylab.com/perspective/2019/02/amazon-hq2-new-york-incentives-economic-development-cities/583540.

Galbraith, R. 2015. "The Tech Industry Is Stripping San Francisco of Its Culture, and Your City Could Be Next." *Newsweek*, October 1, 2015. www.newsweek.com/san-francisco-tech-industry-gentrification-documentary-378628.

Galvin, G. 2016. "Study: Middle School Is Key to Girls' Coding Interest." *U.S. News*, October 20, 2016. www.usnews.com/news/data-mine/articles/2016-10-20/study-computer-science-gender-gap-widens-despite-increasein-jobs.

Glaser, A. 2020. "Current and Ex-Employees Allege Google Drastically Rolled Back Diversity and Inclusion Programs." *NBC News*, May 13, 2020.www.nbcnews.com/news/us-news/current-ex-employees-allege-googledrastically-rolled-back-diversity-inclusion-n1206181.

———. 2020. "House Democrats Press Google over Report of Scaled Back Diversity Efforts." *CNBC*, May 18, 2020. www.cnbc.com/2020/05/18/house-democrats-press-google-over-report-of-scaled-back-diversityefforts.html.

Glazer, A. 2019. "Everything You Think You Know about Corporate

Tax Incentives Is Wrong." *Fast Company*, February 25, 2019. www.fastcompany.com/90310500/everything-you-think-you-know-about-corporate-taxincentives-is-wrong.

Griffith, E. 2017. "The Other Tech Bubble." *Wired*, December 16, 2017. www.wired.com/story/the-other-tech-bubble.

Hern, A. 2019. "Google Pays 11 Million to Jobseekers Who Allege Age Discrimination." *Guardian*, July 22, 2019. www.theguardian.com/technology/2019/jul/22/google-pays-11m-to-jobseekers-who-alleged-age-discrimination.

Hess, A. 2020. "Coronavirus Highlights the Inequality of Who Can— and Can't—Work from Home." *CNBC*, March 4, 2020. www.cnbc.com/2020/03/04/coronavirus-highlights-who-can-and-cant-work-from-home.html.

Ho, V. 2019. "Google to Invest $1bn to Fight Tech-Fueled Housing Crisis." *Guardian*, June 18, 2019. www.theguardian.com/technology/2019/jun/18/google-housing-homelessness-tech-industry-investment.

Holder, S. 2019. "Dueling GoFundMe Campaigns Highlight a San Francisco NIMBY Battle." *CityLab*, April 3, 2019. www.citylab.com/equity/2019/04/san-francisco-homeless-shelter-embarcadero-gofundme-nimby/586252.

Hollister, S. 2019. "Google Pledges $1 Billion." *Verge*, June 18, 2019. www.theverge.com/2019/6/18/18683827/google-silicon-valley-housing-crisis-1-billion-investment-sf-bay-area.

Hong, R. 2016. "Soft Skills and Hard Numbers: Gender Discourse in Human Resources." *Big Data & Society* 3 (2). https://doi.

org/10.1177/2053951716674237.

Johnson, S. 2018. "The Political Education of Silicon Valley." *Wired* 26 (8): 64-73.

Kapor Center. 2017. "Tech Leavers Study." https://mk0kaporcenter5ld71a.kinstacdn.com/wp-content/uploads/2017/08/TechLeavers2017.pdf.

Kelly, J. 2020. "After Announcing Twitter's Permanent Remote-Work Policy, Jack Dorsey Extends Same Courtesy to Square Employees." *Forbes*, May 19, 2020. www.forbes.com/sites/jackkelly/2020/05/19/after-announcingtwitters-permanent-work-from-home-policy-jack-dorsey-extends-samecourtesy-to-square-employees-this-could-change-the-way-people-workwhere-they-live-and-how-much-theyll-be-paid/#549bc56e614b.

Kendall, M. 2017. "How Silicon Valley Silences Sexual Harassment Victims." *San Jose Mercury News*, July 16, 2017. www.mercurynews.com/2017/07/16/how-silicon-valley-silences-sexual-harassment-victims.

Khan, L. M. 2016. "Amazon's Antitrust Paradox." *Yale Law Journal* 126 (3): 710-805.

Koran, M. 2019. "Black Facebook Staff Describe Workplace Racism in Anonymous Letter." *Guardian*, November 13, 2019. www.theguardian.com/technology/2019/nov/13/facebook-discrimination-black-workersletter.

Kosoff, M. 2017. "Silicon Valley's Sexual Harassment Crisis Keeps Getting Worse." *Vanity Fair*, September 12, 2017. www.vanityfair.com/news/2017/09/silicon-valleys-sexual-harassment-crisis-keepsgetting-worse.

Kulwin, N. 2018. "We Can Solve Huge Technical Issues, but Can't Pay Our Employees a Fair Wage?" *New York Magazine*, April 16, 2018. https://nymag.com/intelligencer/2018/04/ellen-pao-reddit-ceo-interview.html.

Lafrance, A. 2016. "Is Silicon Valley a Meritocracy?" *Atlantic*, October 13, 2016. www.theatlantic.com/technology/archive/2016/10/is-siliconvalley-a-meritocracy/503948.

Luckie, M. 2018. "Facebook Is Failing Its Black Employees and Its Black Users." Facebook, November 27, 2018. www.facebook.com/notes/marks-luckie/facebook-is-failing-its-black-employees-and-its-black-users/1931075116975013.

Marwick, A. E. 2013. *Status Update: Celebrity, Publicity, and Branding in the Social Media Age*. New Haven, CT: Yale University Press.

Meyer, R. 2018. "How to Fight Amazon (before You Turn 29)." *Atlantic*, August 15, 2018. www.theatlantic.com/magazine/archive/2018/07/lina-khanantitrust/561743.

Meyersohn, N. 2018. "After the Crisis, Silicon Valley Overtook Wall Street as the Place to Be." CNN, June 7, 2018. https://money.cnn.com/2018/06/07/news/economy/wall-street-silicon-valley-google-goldman-sachs/index.html.

Miller, M. 2016. " 'Tech Bro' Calls San Francisco 'Shanty Town,' Decries Homeless 'Riffraff' in Open Letter." *Chicago Tribune*, February 18, 2016.www.chicagotribune.com/business/blue-sky/ct-tech-bro-letter-sanfrancisco-homeless-20160218-story.html.

Nedzhvetskaya, N., and J. S. Tan. 2019. "What We Learned from Over a Decade of Tech Activism." *Guardian*, December 22, 2019. www.theguardian.com/commentisfree/2019/dec/22/tech-worker-activism-2019-what-welearned.

Paul, K. 2019. "Google Rejects Plans to Fight Sexual Harassment and Boost Diversity." *Guardian*, June 19, 2019. www.theguardian.com/technology/2019/jun/19/google-alphabet-shareholder-meeting-protest-sexualharassment.

Policy Link. n.d. "Oakland's Displacement Crisis: As Told by the Numbers." Accessed May 25, 2020. www.policylink.org/sites/default/files/PolicyLink%20Oakland%27s%20Displacement%20Crisis%20by%20the%20numbers.pdf.

Shapiro, C. 2019. "Protecting Competition in the American Economy: Merger Control, Tech Titans, Labor Markets." *Journal of Economic Perspectives* 33 (3): 69-93.

ShowTech. 2017. "The Gender Gap in the Tech Industry." https://showtech.io/blog/10-08-2020-the-gender-gap-in-the-tech-industry.

Smith, N. 1996. *The New Urban Frontier*. London: Routledge.

Solon, O. 2017. "Ashamed to Work in Silicon Valley: How Techies Became the New Bankers." *Guardian*, November 8, 2017. www.theguardian.com/technology/2017/nov/08/ashamed-to-work-in-silicon-valley-howtechies-became-the-new-bankers.

Szmigiera, M. 2020. "Number of Merger and Acquisition Transactions Worldwide from 1985 to 2019." Statista, February 24, 2020. www.statista.com/statistics/267368/number-of-mergers-and-acquisitions-worldwidesince-2005.

Turner, F. 2009. "Burning Man at Google: A Cultural Infrastructure for

New Media Production." *New Media & Society* 11 (1-2): 73-94.

———. 2010. *From Counterculture to Cyberculture: Stewart Brand, the Whole Earth Network, and the Rise of Digital Utopianism*. Chicago: University of Chicago Press.

U.S. Equal Employment Opportunity Commission. 2016. "Diversity in High Tech." www.eeoc.gov/special-report/diversity-high-tech.

Warschauer, M., and M. Ames. 2010. "Can One Laptop per Child Save the World's Poor?" *Journal of International Affairs* 46 (1): 33-51.

Wiener, A. 2016. "Why Can't Silicon Valley Cover Its Diversity Problem?" *New Yorker*, November 26, 2016. www.newyorker.com/business/currency/why-cant-silicon-valley-solve-its-diversity-problem.

Wu, T. 2018. *The Curse of Bigness: Antitrust in the New Gilded Age*. New York: Columbia Global Reports.

# 第四章

Abbate, J. 2000. *Inventing the Internet*. Cambridge, MA: MIT Press.

Ankerson, M. S. 2018. *Dot-Com Design: The Rise of a Usable, Social, Commercial Web*. New York: NYU Press.

Berner, A.-S. 2018. "Red Hook: The Hip New York Enclave Caught between Gentrification and Climate Change." *Guardian*, September 25, 2018. www.theguardian.com/environment/2018/sep/25/red-hook-climate-changefloodplain-hurricane-sandy-gentrification.

Bettilyon, T. E. 2017. "Network Neutrality: A History of Common Carrier Laws 1884-2018." *Medium*, December 12, 2017. https://medium.com/@TebbaVonMathenstien/network-neutrality-a-history-of-common-carrierlaws-1884-2018-2b592f22ed2e.

Bowker, G. C., and S. L. Star. 2000. *Sorting Things Out: Classification and Its Consequences*. Cambridge, MA: MIT Press.

Center for Digital Democracy. 2016. "Big Data Is Watching: Growing Data Digital Surveillance of Consumers by ISPs and Other Leading Video Providers." www.democraticmedia.org/sites/default/files/field/publicfiles/2016/ispbigdatamarch2016.pdf.

Driscoll, K. E. 2014. "Hobbyist Inter-networking and the Popular Internet Imaginary: Forgotten Histories of Networked Personal Computing, 1978-1998." PhD diss., University of Southern California.

Dunbar-Hester, C. 2014. *Low Power to the People: Pirates, Protest, and Politics in FM Radio Activism*. MIT Press: Cambridge, MA.

Edwards, B. 2016. "The Lost Civilization of Dial-Up Bulletin Board Systems." *Atlantic*, November 4, 2016. www.theatlantic.com/technology/archive/2016/11/the-lost-civilization-of-dial-up-bulletin-board-systems/506465.

Federal Communication Commission. 2011. "Nonprofit Media." https://transition.fcc.gov/osp/inc-report/INoC-31-Nonprofit-Media.pdf.

———. 2015. "Eighth Broadband Progress Report." August 23, 2015. www.fcc.gov/reports-research/reports/broadband-progress-reports/eighth-broadband-progress-report.

Finley, K. 2018. "The WIRED Guide to Net Neutrality." *Wired*, September 5, 2018. www.wired.com/story/guide-net-neutrality.

Greenstein, S. 2015. *How the Internet Became Commercial: Innovation, Privatization, and the Birth of a New Network*. Princeton, NJ: Princeton University Press.

Haleguoa, G. 2016. " 'Always Off' Connection." *Flow*, October 24, 2016. www.flowjournal.org/2016/10/always-off-connection.

Haleguoa, G. R., and J. Lingel. 2018. "Lit Up and Left Dark: Failures of Imagination in Urban Broadband Networks." *New Media & Society* 20 (12): 4634-52.

Hu, T. H. 2015. *A Prehistory of the Cloud*. Cambridge, MA: MIT Press.

Kensinger, N. 2016. "Red Hook's Long, Inevitable Gentrification Divides Community." *Curbed*, January 28, 2016. https://ny.curbed.com/2016/1/28/10872092/red-hooks-long-inevitable-gentrification-divides-community.

Lewis, T., S. P. Gangadharan, M. Saba, and T. Petty. 2018. *Digital Defense Playbook: Community Power Tools for Reclaiming Data*. Detroit: Our Data Bodies.

Lotman, M. 2018. "The Disclaimer." *Technoskeptic* 1 (1): 1-5.

Meinrath, S., and V. Pickard. 2008. "Transcending Net Neutrality: Ten Steps toward an Open Internet." *Education Week Commentary* 12 (6): 1-12.

Muíneacháin, C. 2012. "Thanks, Al Gore [Podcast #30]." *Technology*, May 24, 2012. http://technology.ie/thanks-al-gore-podcast-30.

National Science Foundation. 2003. "A Brief History of the NSF and the Internet." August 13, 2003. www.nsf.gov/news/news_summ.jsp?cntn_id=103050.

Newnham, N., and J. LeBrecht, directors. 2020. *Crip Camp: A Disability*

*Revolution*. Documentary film. Chicago: Higher Ground Productions.

People's Open. 2020. "Frequently Asked Questions." https://peoplesopen.net/learn/faqs.

Pickard, V., and D. Berman. 2019. *After Net Neutrality: A New Deal for the Digital Age*. New Haven, CT: Yale University Press.

Quail, C., and C. Larabie. 2010. "Net Neutrality: Media Discourses and Public Perception." *Global Media Journal* 3 (1): 31-50.

Red Hook Wifi. 2020. Red Hook Wifi (website). https://redhookwifi.org. Sandvig, C. 2007. "Network Neutrality Is the New Common Carriage." *Info: The Journal of Policy, Regulation and Strategy for Telecommunications, Information and Media* 9 (2-3): 136-47.

Schuster, J. 2016. "A Brief History of Internet Service Providers." *Exede*. https://web.archive.org/web/20190428045452/https://www.exede.com/blog/brief-history-internet-service-providers.

Shaffer, D. 2018. "Who Controls the Internet? A State-by-State Look." *WebFX*, December 21, 2018. www.webfx.com/blog/internet/who-controls-theinternet-a-state-by-state-look.

Silverman, G. 2013. "Do-It-Yourself Internet in Brooklyn." *Washington Post*, October 4, 2013. www.washingtonpost.com/video/video/thefold/do-ityourself-internet-in-brooklyn/2013/10/04/796abb5c-2ba8-11e3-b139-029811dbb57f_video.html?noredirect=on&utm_term=.52bfdc0c01da.

Sinnreich, A., N. Graham, and A. Trammell. 2011. "Weaving a New 'Net': A Mesh-Based Solution for Democratizing Networked Communications." *Information Society* 27 (5): 336-45.

Skycoin. 2018. "Net Neutrality and the Tyranny of the ISPs." *Medium*,

November 11, 2018. https://medium.com/skycoin/net-neutrality-and-thetyranny-of-the-isps-3f2414f91fce.

Smith, J. 2016. "This DIY Innovation Is Helping Activists Take Back the Internet from Time Warner Cable." Mic, January 28, 2016. www.mic.com /articles/133665/this-diy-innovation-is-helping-activists-take-back-theinternet-from-time-warner-cable.

Starosielski, N. 2015. *The Undersea Network*. Durham, NC: Duke University Press.

Wu, T. 2003. "Network Neutrality, Broadband Discrimination." *Journal of Telecommunications and High Technology Law* 2, 141.

Wu, T., and C. S. Yoo. 2007. "Keeping the Internet Neutral? Tim Wu and Christopher Yoo Debate." *Federal Communications Law Journal* 53 (9). www.repository.law.indiana.edu/fclj/vol59/iss3/6/.

Yoo, C. 2018. "Common Carriage's Domain." *Yale Journal on Regulation* 35 (special issue): 991-1026.

## 第五章

Beyer, S. 2015. "How Miami Fought Gentrification and Won (for Now)." Governing: The Future of States and Localities, July 2015. www.governing.com/columns/urban-notebook/gov-miami-gentrification.html.

Clegg, N. 2020. "Combating COVID-19 across Our Apps." Facebook, March 25, 2020. https://about.fb.com/news/2020/03/combatingcovid-19-misinformation.

Conger, K., and N. Scheiber. 2020. "Kickstarter Employees Vote to Unionize in a Big Step for Tech." *New York Times*, February 18, 2020. www.nytimes.com/2020/02/18/technology/kickstarter-union.html.

Correal, A. 2010. "El Barrio Tenants Win against Landord." Movement for Justice in El Barrio, April 12, 2010. http://movementvsdawnayday.org/en/articles/el-barrio-tenants-win-against-landlord.

Costanza-Chock, S. 2020. *Design Justice: Community-Led Practices to Build the Worlds We Need*. Cambridge, MA: MIT Press.

Fields, D. 2015. "Contesting the Financialization of Urban Space: Community Organizations and the Struggle to Preserve Affordable Rental Housing in New York City." *Journal of Urban Affairs* 37 (2): 144-65.

Gajanan, M. 2018. "Mark Zuckerberg's Net Worth Skyrocketed as He Testified to Congress. Here's How Much He Earned." *CNN*, April 11, 2018. http://money.com/money/5235718/mark-zuckerberg-net-worth-Facebook-cambridge-analytica-congress-testimony.

Garcia, I. 2016. "A Puerto Rican Business District as a Community Strategy for Resisting Gentrification in Chicago." *Plerus* 25, 79-99. https://revistas.upr.edu/index.php/plerus/article/view/5196.

Gould-Wartofsky, M. 2008. "El Barrio Fights Back against Globalized Gentrification." *CounterPunch*, April 22, 2008. www.counterpunch.org/2008/04/22/el-barrio-fights-back-against-globalized-gentrification.

Haughney, C. 2009. "Tenants Struggle as a British Landlord Goes Bust." *New York Times*, December 21, 2009. www.nytimes.com/2009/12/22/nyregion/22dawnay.html.

Hays, M. 2016. "The One-in-Six Rule: Can Montreal Fight Gentrification by Banning Restaurants?" *Guardian*, November 16, 2016. www.theguardian.com/cities/2016/nov/16/one-in-six-rule-can-montreal-canada-fightgentrification-banning-restaurants.

Heart of the City. 2013. "Google Bus Block." December 9, 2013. www.heart-of-the-city.org/google-bus-block—dec-9.html ——dec-9.html.

Kang, C., and K. P. Vogel. 2019. "Tech Giants Amass a Lobbying Army for an Epic Washington Battle." *New York Times*, June 5, 2019. www.nytimes.com/2019/06/05/us/politics/amazon-apple-facebook-google-lobbying.html.

Koerner, B. 2018. "It Started as an Online Gaming Prank. Then It Turned Deadly." *Wired*, October 23, 2018. www.wired.com/story/swatting-deadlyonline-gaming-prank.

Lewis, T., S. P. Gangadharan, M. Saba, and T. Petty. 2018. *Digital Defense Playbook: Community Power Tools for Reclaiming Data*. Detroit: Our Data Bodies.

Lingel, J. 2012. "Occupy Wall Street and the Myth of Technological Death of the Library." *First Monday* 17 (8). https://doi.org/10.5210/fm.v17i8.3845.

Lotman, M. 2018. "The Disclaimer." *Technoskeptic* 1 (1): 1-5.

Madrigal, A. 2019. "The End of Cyberspace." *Atlantic*, May 1, 2019. www.theatlantic.com/technology/archive/2019/05/the-end-of-cyberspace/588340.

Riga, A. 2016. "Bylaw Limiting Restaurants Now Applies to All of Notre-Dame St." *Montreal Gazette*, November 18, 2016. https://montrealgazette.com/news/local-news/bylaw-limiting-restaurants-now-applies-to-all-ofnotre-dame-st.

San Francisco Municipal Transportation Agency. 2019. "Commuter Shuttle Program." www.sfmta.com/projects/commuter-shuttle-program.

Smiley, L. 2019. "The Porch Pirate of Portero Hill Can't Believe It Came to This." *Atlantic*, November 1, 2019. www.theatlantic.com/technology/archive/2019/11/stealing-amazon-packages-age-nextdoor/598156.

Solnit, R. 2013. "Diary: Google Invades." *London Review of Books* 35 (3). www.lrb.co.uk/v35/n03/rebecca-solnit/diary.

Woodcock, J. 2019. *Marx at the Arcade: Consoles, Controllers, and Class Struggle*. Chicago: Haymarket Books.

© 2021 Jessa Lingel
Published by arrangement with University of California Press

**图书在版编目（CIP）数据**

被互联网辜负的人：互联网的士绅化如何制造了数字不正义／（美）杰西·林格尔著；冯诺译．—杭州：浙江人民出版社，2023.10
ISBN 978-7-213-11025-2

Ⅰ．①被… Ⅱ．①杰… ②冯… Ⅲ．①互联网络–影响–社会生活–研究–美国 Ⅳ．①C913 ②D771.28

中国国家版本馆CIP数据核字（2023）第109606号

浙江省版权局
著作权合同登记章
图字：11-2022-091号

## 被互联网辜负的人　互联网的士绅化如何制造了数字不正义

BEI HULIANWANG GUFU DE REN

[美]杰西·林格尔　著　　冯　诺　译

| 出版发行：浙江人民出版社（杭州市体育场路347号　邮编　310006） |
|---|
| 市场部电话：(0571)85061682　85176516 |
| 责任编辑：鲍夏挺 |
| 责任校对：姚建国 |
| 责任印务：刘彭年 |
| 封面设计：甘信宇 |
| 电脑制版：杭州兴邦电子印务有限公司 |
| 印　　刷：杭州丰源印刷有限公司 |
| 开　　本：787毫米×1092毫米　1/32　　印　张：5.5 |
| 字　　数：104千字 |
| 版　　次：2023年10月第1版　　印　次：2023年10月第1次印刷 |
| 书　　号：ISBN 978-7-213-11025-2 |
| 定　　价：48.00元 |

如发现印装质量问题，影响阅读，请与市场部联系调换。